FRANÇAIS ET ARABES

EN ALGÉRIE

PARIS

Imprimerie de L. Tinterlin et Cᵉ
rue Neuve-des-Bons-Enfants, 3.

LE Gl. DE LA MORICIÈRE.

Ferd SARTORIUS Edit. 9 rue Mazarine

FRANÇAIS ET ARABES

EN ALGÉRIE

PAR FERD. HUGONNET

EX-CAPITAINE

AUTEUR DES SOUVENIRS D'UN CHEF DE BUREAU ARABE

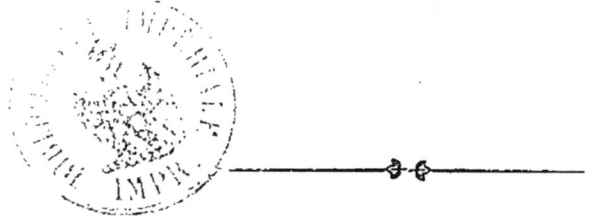

LAMORICIÈRE

BUGEAUD, DAUMAS, ABD-EL-KADER, ETC.

PARIS

Ferd. SARTORIUS | CHALLAMEL aîné
9, RUE MAZARINE, 9 | 30, RUE DES BOULANGERS, 30

1860

Tous droits réservés

INTRODUCTION[*]

DES ILLUSTRATIONS GUERRIÈRES EN GÉNÉRAL

Un des plus beaux spectacles des temps modernes et même de toutes les époques de l'humanité, est certainement la conquête de l'Algérie. Notre armée, sans cesse éprouvée par les maladies, les fatigues, les privations et les pertes subies dans de nombreux combats, longtemps exposée aux révoltes des tribus, aux trahisons des indigènes, ne s'est pas départie, sauf de rares exceptions, de la modération la plus honorable envers ses ennemis. Dans un vaste pays

[*] Une partie de ce travail a été publiée dans le *Spectateur militaire*.

presque inconnu, en présence de populations dont tout autre peuple n'eût peut-être eu raison que par l'extermination, elle a dû, à force d'expériences, constituer enfin le mode de guerre le plus convenable pour les circonstances, et à l'aide de procédés aussi patients qu'humains, réduire la farouche et opiniâtre résistance des divers groupes de l'Algérie. Non-seulement elle a conquis une contrée presqu'aussi grande que la France et soumis à son autorité une population de trois millions d'individus, mais elle a organisé elle-même avec ses propres ressources, l'administration, dans tous ses détails, de cet immense territoire et de ces nombreuses peuplades.

C'est là une des pages les plus glorieuses de notre histoire, et elle nous semble être le commencement d'une ère nouvelle, dans laquelle les peuples européens vont entreprendre de rallier à leur influence les populations de l'Afrique et de l'Asie, non plus comme autrefois par le pillage et l'abus de la force, mais bien en respectant la religion, les mœurs, les propriétés, et en épuisant tous les moyens de conciliation et de bienveillance. Au moment où nous écrivons, nos voisins les Espagnols sont déjà aux prises avec ceux des ennemis de notre civilisation qui se sont montrés peut-être les plus acharnés et les plus fanatiques. Puisse l'histoire de nos conquêtes algériennes épargner aux soldats d'O'Donnell, les tâtonnements et les erreurs par lesquels nous avons dû passer.

Nous avons cherché à rappeler aussi brièvement que possible, l'ensemble des opérations de notre armée pendant toute la période de la conquête. Les faits de guerre sont connus par les bulletins qu'on en a publiés; nous ne parlerons que de ceux à propos desquels nous aurons à produire quelques observations particulières. Mais, en dehors des combats eux-mêmes, il est une foule de détails intéressants, qui n'ont encore été réunis nulle part, et que nous avons cru utile de recueillir. Pourquoi la conquête était-elle si difficile? comment notre armée arrivant de France était-elle impropre à mener à bien cette rude entreprise? quelles ont dû être les modifications de notre organisation militaire en Afrique, selon les diverses armes, infanterie, cavalerie, artillerie, et notamment en ce qui concerne le soldat pris isolément? Ce sont là autant de points que nous avons examinés. Nous avons également présenté quelques considérations sur les marches, la conduite des opérations militaires, et enfin l'administration des tribus par les fonctionnaires de l'armée. La plupart des observations que nous avons exposées, ont été faites depuis longtemps dans l'armée d'Afrique; elles sont cependant à peu près inconnues du public. Nous les avons accompagnées, à l'occasion, de nos propres réflexions, mais toujours en appuyant ces dernières sur des faits dont nous avons été témoin.

Nous avons pensé que le moyen de rendre notre travail plus agréable aux lecteurs, était de l'entourer de notices biographiques sur quelques-uns des chefs de notre armée africaine, les plus connus. Et, à ce sujet, nous croyons devoir placer d'abord ici, quelques considérations qui nous sont personnelles, sur les illustrations guerrières en général.

La gloire des armes est de toutes la plus jalouse, et il doit en être ainsi, selon nous; car de toutes elle est la plus inéquitablement répartie. Est-il nécessaire de le prouver longuement? Nous ne le pensons pas. Exposons cependant quelques-unes de nos raisons.

Si nous exceptons une trentaine de capitaines des divers âges de l'histoire, dont les campagnes, décrites, commentées dans les différentes langues, sont devenues le *bréviaire* des gens de guerre, que trouvons-nous en dehors? des célébrités certainement discutables.

Pour ces illustres chefs dont nous avons indiqué le chiffre approximatif, nous connaissons des faits de guerre qui, chaque jour critiqués, discutés, ont résisté à tous les examens que l'on a pu en faire et sont désormais reconnus de tous, d'une façon incontestable, comme les œuvres de génies tout à fait supérieurs. Mais quant aux milliers de noms qui sont restés glorieusement inscrits dans les fastes guerriers, sur quoi se base leur célébrité et comment pouvons-nous contrôler les décisions de l'histoire? Nous ne parlons, bien entendu, que de ce qui concerne les qualités de l'homme de guerre autre que la simple bravoure, et nous trouvons que les documents d'après lesquels sont devenus illustres certains personnages, ne sont pas suffisants.

Ce sont, ou des bulletins émanant d'un gouvernement intéressé à grandir ses serviteurs, ou simplement des actes de présence dans des batailles heureuses qui ont couvert de gloire indistinctement les chefs de l'armée victorieuse, bien que quelques-uns d'entre eux n'aient rien fait au delà de ce qu'on peut attendre d'un homme ordinaire.

D'autre part, il arrive qu'en feuilletant quelque vieille chronique, quelques Mémoires particuliers traitant de toute autre chose que de l'art de la guerre, on trouve exposé, d'une façon incidente, des projets ou même des entreprises menées à bonne fin, qui dénotent des qualités remarquables, au point de vue guerrier, chez des oubliés de la gloire. On rencontre de ces individualités surtout chez les peuples qui ont vécu en dehors de la sphère d'action des Grecs, des Romains, puis des peuples latins, et chez toutes les nations indistinctement, au moyen âge, à l'époque du morcellement de la puissance publique et des forces militantes.

On se prend alors à vouloir contester la gloire exclusive de certains noms dont les titres semblent au moins douteux. Mais comment procéder? C'est ici surtout qu'est la difficulté.

Un architecte, un sculpteur, un peintre (pendant plusieurs siècles), un littérateur, un savant, un industriel, laissent après eux des œuvres qui sont autant de manifestations vivantes de l'individualité que l'on veut juger; il y a là une base certaine pour les appréciations à formuler. Ce qui ne veut pas dire que les jugements, une fois prononcés, sont irrévocablement acceptés; ils sont, au contraire, constamment modifiés selon les époques; mais toujours est-il que l'homme consciencieux et désireux d'éclairer sa religion, se trouve en présence des œuvres mêmes accomplies.

Mais le rôle de tel général dans une bataille a-t-il été exactement ce que l'histoire, faite par un peuple intéressé dans la question, le représente, et dans ce cas, jusqu'à quel point implique-t-il des qualités intellectuelles ou morales ?

C'est ici qu'il serait important de connaître toutes les données de la question : quelle est la part qui doit être attribuée à l'initiative de l'individu ? quelles étaient les difficultés réelles tirées des circonstances locales, de l'état moral et matériel des troupes, de la tâche à accomplir, de l'entourage intime du chef, etc.? où trouver des notions certaines sur tout ce qui précède? Il n'y a que des témoins ayant eu des rapports d'intimité avec l'homme de guerre que l'on soumet à la critique, qui pourraient fournir des renseignements suffisants; mais eux-mêmes ne sont pas désintéressés dans la question, et il leur faudrait, outre une intelligence très-développée, une conscience à toute épreuve pour produire les éclaircissements réclamés.

Il est facile de comprendre dès lors pourquoi nous avons avancé que la gloire des armes était la plus inéquitablement répartie.

Il y a, en effet, des personnages heureux qui ne sauraient rien faire que de très-remarquable, bien que, la plupart du temps, ils n'agissent pas mieux que les autres. Certains hommes, par je ne sais quel heureux concours d'entourage, de circonstances propices, d'appuis solides, réussissent de prime abord à se rendre favorable l'opinion publique, et, une fois l'habitude prise, deviennent les enfants gâtés de la renommée.

J'ai vu personnellement en Afrique, des opérations qui, conduites assez habilement par des chefs ordinaires, ne faisaient pourtant rejaillir sur eux aucune espèce d'éclat, tandis que les mêmes entreprises. menées exactement de la même façon par d'autres fonctionnaires de l'armée, eussent fait beaucoup de bruit.

En résumé, parmi des notabilités guerrières arrivées aux mêmes dignités et jouissant dans l'opinion publique d'une réputation à peu près égale, il est certain qu'il doit exister de très-grandes différences de mérite. Tandis que les uns n'ont, en quelque sorte, que des qualités passives et peu rares, d'autres, au contraire, se recommandent par de hautes facultés. Ceux-ci doivent être fort irrités de se sentir placés sur la même ligne que ceux-là, et cette seule considération nous fait comprendre, pour citer un exemple, toute l'acrimonie remarquée dans les Mémoires du duc de Raguse. Il devait être, en effet, très-pénible pour ce maréchal, de se voir estimé dans le public à l'égal de certains autres lieutenants de l'Empereur, d'un mérite médiocre, et jugés même ainsi dans l'intimité par le grand homme.

A propos de Marmont, nous avons à produire une observation qui a son importance. On a fait ressortir sur le compte de ce général, et dans le but de faire la critique de ses mérites divers, des opinions sévères émises par Napoléon dans différentes circonstances. Mais de chef à lieutenant, il faut toujours tenir compte, dans les appréciations formulées, des sous-entendus qui sont souvent la partie importante. Ainsi, il nous semble possible que Napoléon, reprochant à Marmont la façon dont il dirigeait parfois son corps d'armée, ait sous-entendu ceci : « Vous, qui êtes un de mes « généraux les plus intelligents, les plus aptes, je « trouve que vous êtes dans l'erreur sur..., etc.»

De même, lorsque l'Empereur couvrait d'éloges les opérations d'autres lieutenants, il y avait peut-être à traduire ainsi ces louanges : « Vous, qui ne « savez guère rien combiner loin de ma tutelle et « et n'êtes bon qu'à exécuter mes ordres sous mes « yeux, vous m'avez étonné par votre conduite dans « telle occasion relatée... et je ne vous ménage pas « l'éloge. »

Il en est de même d'égal à égal, d'un homme de guerre en appréciant un autre. Dans les jugements sévères que l'histoire enregistre ensuite, il faudrait savoir s'il ne doit pas y avoir quelquefois des sous-entendus de ce genre : « Étant admis que tel capitaine est un homme de guerre remarquable, je trouve qu'il y a à lui reprocher, etc. » Selon nous, on prend trop souvent à la lettre ce qui ne doit être accepté qu'à la suite de considérations tacitement admises.

Cette brillante époque militaire de l'Empire ne nous présente-t-elle pas des hommes du plus grand mérite, comme Reynier, Gouvion Saint-Cyr, dont les érudits, les chercheurs patients, trouveront heureusement toujours les titres de gloire, mais qui n'ont pas été des mieux partagés comme glorification officielle, tandis que d'autres chefs, d'une valeur bien moindre, jouissent à tout jamais dans l'opinion des masses d'une célébrité incontestée.

Autre objection encore. A cette même époque, combien, parmi les généraux étrangers et vaincus, auraient acquis une illustration durable s'ils eussent servi dans nos rangs, au milieu de nos excellents soldats, sous l'autorité glorifiante de Napoléon ! combien, au contraire, de nos chefs propres les plus souvent cités, si on les suppose placés dans les rangs ennemis, auraient guerroyé sans réussir à rendre leur nom célèbre !

N'avions-nous donc pas raison de commencer ces quelques pages par la réflexion que nous avons exposée dès les premières lignes ?

Puisque nous venons de prononcer ce grand nom de Napoléon, nous prions nos lecteurs de vouloir bien nous permettre quelques observations, au sujet d'une appréciation que nous trouvons dans l'*Histoire du Consulat et de l'Empire,* de M. Thiers, et qui est, du reste, généralement approuvée. M. Thiers déplore chez son héros le manque de modération, mais à partir d'Austerlitz seulement, c'est-à-dire à dater du moment où l'Empereur commence à projeter des entreprises qui ne réussissent pas et qui doivent le mener à la guerre d'Espagne et à l'expédition de Russie.

Il nous semble que la modération et le génie élevé à la puissance de celui de Napoléon, sont impossibles à concilier; l'un exclut l'autre. Cet homme, que l'on admire sans restriction jusqu'au moment de la proclamation de l'Empire, avait-il donc été modéré jusque-là. Ces étonnantes campagnes d'Italie, auxquelles on ne peut comparer, que je sache, aucune entreprise guerrière, étaient-elles donc l'œuvre d'un homme modéré? Ces procédés si nouveaux, si hardis de la part d'un jeune général qui répudiait les errements de ses anciens, n'annonçaient-ils pas, au contraire, un caractère immodéré; et s'il eût échoué, dès son début, ne l'eût-on pas accusé, avec raison, de ne s'être pas contenu?

On se contente d'admirer parce que ces essais ont réussi. Et l'expédition d'Égypte, que Bonaparte entreprend avec une petite armée, munie de si peu de ressources, est-ce de la modération? Et le 18 brumaire, quoi de plus immodéré! Mais alors, nous le reconnaissons, Napoléon, tout en obéissant aux exigences de son génie, faisait les affaires de son pays, et c'est, sans doute, pour ce motif, qu'on ne songe point à s'apercevoir que le grand homme n'a rien de modéré. N'est-il pas illogique, nous le demandons, de vouloir que ce héros, arrivé à la tête du gouvernement après avoir accompli les œuvres les plus extraordinaires, devienne tout à coup une sorte de monarque constitutionnel, modéré, patient, conciliant. Les hommes semblables à Washington sont peut-être plus utiles à leur patrie ; mais il n'y a aucun rapprochement à établir entre le célèbre Américain et Napoléon. Le premier était simplement un honnête homme, doué de talents ordinaires, et le second un des plus prodigieux génies que la terre ait produits. Vouloir que l'homme qui a été Napoléon pendant quelques années, devienne Washington à un moment donné, nous paraît tout à fait paradoxal.

La France, qui avait bénéficié des premières entreprises de son héros, était forcément exposée aux conséquences désastreuses que pouvaient entraîner les conceptions gigantesques du vainqueur d'Austerlitz. Il nous semble que des génies de cette puissance doivent, par leur nature même, être conduits à vouloir subjuguer toute la terre, et cela obtenu, par impossible, à escalader le ciel. Les règles communes ne sont pas faites pour eux. Qu'on les juge au point de vue des intérêts généraux, rien de mieux ; mais qu'on se plaise à désirer que, passé une certaine limite, ils ne sortent plus d'un terrain convenu, arrêté, c'est là ce qui nous semble irrationnel, ce qui nous paraît un crime de lèse-génie. Briser les grands génies pour cause d'utilité publique, lorsqu'ils deviennent trop écrasants, nous répugnerait moins que de voir chercher à leur imposer des tempéraments restrictifs. L'ostracisme avait bien sa raison d'être.

Dans le travail que nous présentons au public, nous avons choisi de préférence, parmi nos célébrités algériennes, celles seulement que des circonstances particulières nous ont permis de voir de près à l'œuvre, et sur lesquelles nous avons pu nous faire une opinion, sans être obligé d'avoir recours aux appréciations d'autrui.

Notre armée d'Afrique avait dans le temps, et a peut-être encore, des coteries, ce que l'on a appelé des *sociétés d'admiration mutuelle,* et certains hommes doivent une partie de leur renommée à l'activité louangeuse de ces petits groupes formés autour de quelques généraux. Nous n'avons pas voulu nous exposer à nous faire l'écho de ces associations admiratrices, et c'est dans ce but que nous avons restreint le nombre des chefs militaires que nous voulons examiner, de manière à n'avoir pas besoin de chercher en dehors de nos souvenirs, pour retracer les principaux traits de leur physionomie.

Nous avons fait en sorte cependant, de choisir les hommes dont les états de service nous donnassent l'occasion d'étudier un aspect différent, de personnifier une des parties de ce vaste ensemble de faits que l'on appelle la *Conquête*.

C'est ainsi que l'étude sur le général de Lamoricière, présent en Algérie de 1830 à 1848, permettra de résumer à peu près, toutes les diverses phases de la question algérienne; car son nom se trouve attaché, durant la période que nous venons d'indiquer, à tout ce qui s'est produit d'important en Algérie : faits militaires, administration indigène, troupes spéciales au pays, voire même système de colonisation.

Le maréchal Bugeaud, de son côté, nous amènera à expliquer le mode de guerre qu'il a fait adopter pour la conquête de l'Algérie, système qui a pleinement réussi, a toujours été suivi, depuis lors, contre les insurrections partielles, et est dû tout entier à l'initiative intelligente autant que vigoureuse du duc d'Isly.

L'indication des services des généraux Bedeau et Cavaignac se trouvera accompagnée, pour le premier, de considérations, au point de vue moral et administratif, sur la manière à lui toute particulière de commander les troupes ; et, pour le second, du souvenir des souffrances qui ont été imposées, en maintes circonstances, à nos troupes d'Afrique.

Tout ce qui se rattache à notre excellente cavalerie africaine, trouvera sa place dans le chapitre consacré aux généraux Morris et Bouscarin ; aucun des deux ne nous ayant paru réunir les conditions nécessaires pour personnifier le rôle complet de la cavalerie française et indigène pendant toute la periode de la conquête, et chacun d'eux nous présentant au contraire, d'une façon brillante, une des parties du tout.

Enfin la carrière du général Daumas nous permettra de traiter la question, si mal connue du public, des *bureaux arabes* et de l'administration du peuple vaincu.

Mais si nos troupes d'Afrique ont produit des hommes remarquables en grand nombre ; nos ennemis aussi ont eu à leur tête des chefs qui se sont acquis une célébrité incontestable. Le premier parmi eux, l'Émir Abd-el-Kader, a fourni, mainte fois, les preuves d'un mérite hors ligne. Ses lieutenants, ses partisans, ont souvent donné l'exemple d'une grande valeur, d'un dévouement à toute épreuve, dans des circonstances excessivement difficiles. Nous devions donc quelques pages à la mémoire de ces adversaires qui nous ont si longtemps et si bravement résisté, et nous n'avons pas manqué à ce devoir.

Nous ferons suivre ce chapitre du tableau actuel de notre armée d'Afrique, que nous accompagnerons de quelques indications utiles, et notre travail sera terminé par un appendice comprenant quelques épisodes et des réflexions sur l'avenir de la guerre en général.

FRANÇAIS ET ARABES

EN ALGÉRIE

I

JUCHAULT DE LAMORICIÈRE

COUP D'ŒIL SUR L'HISTOIRE DE L'OCCUPATION DE L'ALGÉRIE

Nous commençons par le général de Lamoricière, parce qu'il nous semble celui de nos chefs de l'armée d'Afrique qui est le plus essentiellement et complétement algérien. Parmi les autres hommes éminents qui se sont acquis de la célébrité dans notre colonie, aucun n'a une carrière aussi exclusivement africaine, en quelque sorte. Le maréchal Bugeaud a, certes, rendu dans ce pays des services plus importants et d'un ordre plus élevé; mais son séjour en Algérie a été court, comparativement à celui de Lamoricière dans la même contrée. M. Bugeaud est venu en Afrique comme général; c'était déjà un homme important, ayant des antécédents connus. Lamoricière, au contraire, arrivé dans la Régence lieutenant inconnu, en est sorti lieutenant-général et illustre. Presque toute sa vie militaire s'est écoulée dans notre colonie, et, s'il fallait résumer l'histoire de la conquête dans un seul nom, c'est le sien qu'il faudrait choisir de préférence. De plus, les services de ce général sont assez variés pour nous permettre, en les énumérant, de jeter un coup d'œil sur toutes nos affaires algériennes de 1830 à 1848.

Juchault de Lamoricière (Christophe-Louis-Léon), est né à Nantes le 5 février 1806. Sorti de l'École polytechnique et de l'École d'application de Metz, il était lieutenant du génie en 1830, lorsqu'il fut question du châtiment qu'une armée française se disposait à infliger au dey d'Alger Hussein, en punition de l'insulte faite à notre consul quelque temps auparavant, de la destruction du port de La Calle, occupé par une compagnie industrielle reconnue des deux gouvernements, et de divers autres méfaits. On a souvent répété que le jeune lieutenant de Lamoricière se fit alors remarquer de l'autorité supérieure par l'insistance de ses demandes pour faire partie de l'expédition; il alla, dit-on, jusqu'à offrir de faire la campagne en simple grenadier s'il n'était possible de l'emmener comme officier du génie. Il obtint la faveur qu'il sollicitait si ardemment et partit pour la Régence d'Alger en qualité d'officier attaché à l'état-major du génie dans l'armée commandée par le général de Bourmont, et débarqua à Sidi-Ferruch en juin 1830. Lamoricière assista aux premières affaires qui eurent pour résultat l'occupation d'Alger, et dut comprendre, dès le commencement de notre entreprise, ainsi que la plupart des officiers intelligents de l'armée expéditionnaire, combien il nous manquait d'éléments essentiels pour étendre notre domination dans le pays. L'état-major général ne possédait aucun renseignement sérieux sur la nature du territoire, sa population, son organisation, etc. Les Turcs, qui exerçaient une espèce d'autorité dans le pays, s'étant retirés après la prise d'Alger, on ne savait à qui s'adresser pour avoir quelques notions indispensables.

Et cependant il était de toute nécessité de savoir ce qui se passait dans la plaine de la Mitidja et quelles étaient les intentions de la population. Le commandant en chef, dès son entrée à Alger, avait promis, par une proclamation devenue célèbre et souvent invoquée, de respecter les biens, la religion et les mœurs des indigènes qui reconnaîtraient la domination de la France. C'était là le point de départ de cette conquête qui devait étonner le monde par la modération et la sagesse des conquérants : à tel point que, journellement encore, des écrivains reprochent à notre armée d'Afrique de trop soutenir les intérêts des Arabes, comme si ce n'était point là, peut-être, le plus beau titre de gloire de cette armée. Des conquérants qui prennent trop soin du peuple vaincu, où cela s'était-il donc déjà vu? n'y a-t-il pas là un exemple digne de tous les respects de la postérité, et n'est-ce pas un honneur pour notre patrie de l'avoir fourni?

Revenons à Alger. Nos intentions vis-à-vis des habitants étaient publiées dans cette ville ; mais il fallait les faire connaître également parmi les tribus du dehors ; il était nécessaire d'entrer en relation avec elles au plus vite. Quelques interprètes, n'ayant la plupart fréquenté les Musulmans qu'en Égypte, et, par suite, ignorant les circonstances de lieux et de personnes qui favorisent les explications, étaient, il est vrai, attachés à l'état-major; mais on ne tarda pas à sentir, et le jeune de Lamoricière tout des premiers, que les affaires ne seraient bien faites que si nous les dirigions par nous-mêmes, et qu'il fallait se mettre en mesure de satisfaire aux exigences de la situation, en un mot, apprendre l'arabe et se renseigner sur les coutumes locales.

De Lamoricière se mit aussitôt à l'œuvre et commença à fréquenter les indigènes. Il faut dire ici que la fortune personnelle du jeune officier dut l'aider puissamment dans ses premières relations avec les gens du pays. J'ai entendu raconter souvent qu'il était, en effet, à même de toujours recevoir convenablement les indigènes qui l'approchaient ; et cette autre circonstance, de n'avoir à se préoccuper en rien de ses frais d'approvisionnements, chevaux, bêtes de somme, équipements divers, etc., toujours considérables pour un officier qui parcourt isolément le pays, dut aussi rendre pour lui les débuts plus faciles.

Dès le mois d'août 1830, quelques jours après la révolution de juillet, le maréchal de Bourmont avait quitté Alger en fugitif sur un navire autrichien et avait été remplacé par le maréchal Clauzel, homme de guerre déjà renommé sous l'empire.

Au mois d'octobre de la même année, le nouveau commandant en chef avait décidé la formation d'un corps d'infanterie indigène pour servir de lien entre nous et la population, et sous la pression de ce besoin déjà indiqué, d'ouvrir des relations avec les habitants du dehors.

Le lieutenant de Lamoricière, nommé récemment capitaine, fut placé, avec son grade, dans ce corps de fantassins du pays que l'on attachait à notre service, et dans lequel il entra en majorité des Kabyles de la confédération des *Zouaoua*, d'où nous fîmes aussitôt *Zouaves*. Telle est l'origine de ces régiments de zouaves devenus si fameux. Il y eut, à la première formation, deux bataillons confiés aux commandants Maumet, de l'état-major, et Duvivier, du génie. On sait combien fut brillante la carrière fournie par ce dernier, tué général à Paris, en 1848. Les deux bataillons furent réunis en un seul, sous le commandement de Lamoricière, au commencement de 1833. Puis il y eut, de nouveau, deux bataillons en 1835, toujours sous la direction de Lamoricière, devenu lieutenant-colonel. A la fin de 1842, les zouaves furent portés à trois bataillons, et, il y a quelques années (1852), à trois régiments.

Les zouaves, composés, dès le principe, de soldats indigènes, n'avaient pas tardé à admettre des Français; puis ceux-ci arrivèrent en majorité, et les Musulmans se retirèrent au fur et à mesure, parce que, n'ayant pas les mêmes habitudes, il leur répugnait de suivre les mêmes prescriptions que nos troupiers.

On para à cet inconvénient en 1842 par la formation de trois bataillons de tirailleurs indigènes (turcos), composés entièrement d'hommes du pays. Ces trois bataillons devinrent à leur tour trois régiments, à la suite de la guerre de Crimée, où ces troupes se couvrirent de gloire sous l'impulsion du général Bosquet. Celui-ci avait été un des premiers chefs du corps, il parlait l'arabe et excitait les tirailleurs jusqu'à l'enthousiasme en se servant de leur langage.

En même temps qu'il exerçait son commandement dans les zouaves, le capitaine de Lamoricière, qui avait déjà rendu des services spéciaux, comme s'étant entremis dans diverses affaires concernant les indigènes, fut chargé, sous le commandement intérimaire du général Avizard (1832), de la direction de ce qu'on appela un *bureau arabe*. Nous parlerons longuement de cette institution, qui a pris un développement considérable, lorsque nous nous occuperons de la notice du général Daumas. Nous nous contenterons de dire, pour le moment, que le premier chef de bureau arabe, de Lamoricière, témoigna aussitôt les intentions les plus bienveillantes pour les indigènes : il alla les voir dans leurs douars, il s'entretint avec eux, se mit au courant de leurs affaires et comprit que ces populations ne pouvaient, du jour au lendemain, se conduire selon nos désirs; qu'il fallait user envers elles de patience et de bons traitements. Il réussit à faire accepter, pour quelque temps au moins, ses idées à l'encontre des partisans du système du duc de Rovigo, lequel n'avait confiance que dans une extrême rigueur et voulait implanter dans nos possessions d'Alger la façon de gouverner dont il avait entendu parler par les Mameloucks d'Égypte.

A ce moment (1832), nous en étions déjà au cinquième commandant en chef. Le maréchal de Bourmont, avons-nous vu, avait été remplacé par le maréchal Clauzel, en août 1830. Celui-ci avait lui-même cédé la place au général Berthezène dès le commencement de l'année 1831; puis le duc de Rovigo avait succédé (décembre 1831) au général Berthezène. Le duc lui-même n'avait conservé son commandement que jusqu'au printemps de 1832.

Lamoricière se rendit fort utile dans ses fonctions spéciales. Il prépara plusieurs heureux coups de main, tels que la prise de Bougie, place qu'il reconnut à ses risques et périls. Il fournit des renseignements qui servirent à l'accomplissement de plusieurs faits de guerre; il en dirigea lui-même quelques-uns à la tête de ses zouaves, qui étaient, pour ces sortes d'entreprises, dans de meilleures conditions que les régiments de France.

Nommé commandant (1833), Lamoricière avait quitté le bureau arabe pour se consacrer tout entier à ses fonctions de chef de corps; mais il n'en fut pas moins chargé, de temps à autre, de missions spéciales. C'est ainsi qu'à la première nouvelle du désastre de la Macta (1835), où l'armée dut comprendre, à la suite d'une véritable défaite, qu'elle avait à se modifier complétement si elle voulait rayonner dans le pays, le jeune commandant fut envoyé sur les lieux par le général Drouet d'Erlon, alors gouverneur, pour aider le général Trézel à se tirer d'affaire, en s'entendant, au besoin, avec Abd-el-Kader. Lamoricière débarqua à Arzew, se rendit à Oran par terre, se mit en relation avec quelques indigènes, et fit si bien que l'infortuné Trézel put ramener à Oran, et par terre, les débris de sa colonne.

Le fils de Mahi-ed-Din, le marabout des Hachem, était aussi tout jeune d'âge; il débutait également dans la carrière qui devait être pour lui si brillante; mais il commençait par le commandement en chef. Lamoricière, simple chef de bataillon à la Macta, et qui depuis eut à combattre si souvent Abd-el-Kader, devait, treize ans plus tard, comme général commandant la province d'Oran, être le dernier chef qui eût affaire avec le héros de l'indépendance arabe, car il eut l'honneur de recevoir sa reddition.

A Alger même, nos officiers fréquentaient alors quelques indigènes qui, plus tard, luttèrent avec acharnement contre notre domination. Ainsi Ben-Allal, de la famille des marabouts de Coléah la *sainte*, le fougueux et intrépide cavalier qui devint khalifa de Miliana et l'un des principaux lieutenants d'Abd-el-Kader, était un des familiers du café des officiers. On sait que cet indigène, poursuivi à la tête de quelques centaines de réguliers par une colonne française, pendant plusieurs jours, s'accula, à bout de ressources, dans une position sans retraite possible (Oued-Malah, 1843), contre des rochers à pic, et mourut en héros, ainsi que la plupart de ses hommes. Sa tête fut exposée à Alger et ensevelie plus tard dans le tombeau de ses ancêtres, à Coléah. Ces expositions sont malheureusement quelquefois nécessaires pour combattre l'incrédulité populaire; car là, comme dans la plupart des pays arriérés, le peuple ne veut pas croire à la mort des chefs sur lesquels il compte pour résister à un conquérant, surtout lorsque la nouvelle est propagée par celui-ci même, et il lui faut des preuves évidentes.

Comme on vient de le voir, Lamoricière se multipliait et s'occupait des sujets les plus divers. Sous ce rapport, il devait faire école, et il est l'un des premiers, sinon le premier, parmi ces officiers de l'armée d'Afrique que nous trouvons à chaque page de l'histoire algérienne, accomplissant les travaux les plus variés et même les plus en opposition avec les fonctions purement militaires. Nous verrons plus tard les aides de camp de Lamoricière lui-même s'occuper d'études détaillées sur la nature du sol, le rendement et l'aménagement des terres, et d'un travail complet au sujet de la colonisation. C'est encore là un côté glorieux de la mission accomplie par notre armée d'Afrique. Elle a compris que sa tâche de conquérante, au milieu du dix-neuvième siècle, devait être avant tout civilisatrice, elle a trouvé dans son sein des officiers d'élite pour tous les travaux, toutes les études, toutes les fonctions. On sait, du reste, que l'armée contient des individualités de tout genre : on y rencontre des savants, des érudits, des littérateurs, des artistes, des légistes, etc.; on est surtout heureux d'y avoir à sa disposition une foule de jeunes gens sortant des écoles, parmi lesquels quelques-uns ont conservé le goût de l'étude et du travail, et recherchent les occasions de rendre des services, même en dehors des occupations simplement militaires. Aussi les sujets n'ont-ils pas manqué, soit pour l'exploration du pays, soit pour les fonctions diverses nécessitées par l'administration d'une aussi vaste contrée que l'Algérie, peuplée de près de trois millions d'habitants, de races diverses.

A la suite des affaires de la Macta, le général d'Erlon avait été rappelé; il avait succédé l'année précédente, c'est-à-dire en 1834, au général Voirol, qui, lui-même, avait pris le commandement en 1832. Les deux derniers gouverneurs avaient donné les preuves des meilleures intentions et de beaucoup de dévouement aux intérêts généraux ; mais ils ne paraissaient pas de force à surmonter les difficultés de toute sorte qui empêchaient notre domination de s'établir. La colonie attendait impatiemment le gouverneur qui devait livrer l'Algérie à la France.

Après le comte d'Erlon, ce fut le maréchal Clauzel qui vint, pour la deuxième fois, avec la mission de pousser vigoureusement les opérations militaires. Ce général était doué de nombreuses qualités nécessaires à un chef d'armée; mais il n'avait point encore ce qu'il fallait pour créer le mode de guerre convenable au pays. Il fit toutefois une heureuse expédition dans cette même année 1835, et prit Tlemcen et Mascara. Les zouaves eurent une grande part à ces succès; aussi furent-ils, en récompense, portés à deux bataillons, et le commendant de Lamoricière devint lieutenant-colonel chargé de la direction du corps.

L'année suivante, au milieu de l'été, les troupes de la division d'Oran, se trouvant dans une position difficile par suite de plusieurs échecs partiels, le général Bugeaud fut envoyé avec des troupes de France au secours de la brigade d'Arlanges et fit cette petite expédition qui se termina par le combat de la Sikkak, et qui devait servir de modèle pour la façon de conduire la guerre en Algérie. Le traité de la Tafna suivit de près les opérations du général Bugeaud le long de cette rivière. Cet arrangement a été bien diversement jugé; on a prétendu, non sans raison, que l'on avait contribué à grandir Abd-el-Kader et facilité à ce chef indigène les moyens de constituer un peuple arabe qui ne pouvait que nous donner des inquiétudes plus tard. Cela est vrai ; mais il faut aussi se reporter à l'époque où le gouvernement, embarrassé dans un dédale de difficultés inextricables, devait chercher par tous les moyens à se créer l'ordre et la paix. Il crut bien faire en confiant le commandement des Arabes à un homme du pays déjà renommé, et qui lui parut le plus intelligent. Abd-el-Kader, reconnu *émir* des Arabes, devait avoir le commandement de presque toutes les tribus des provinces d'Alger et d'Oran ; on lui cédait, en conséquence, les places de Tlemcen, Mascara, Miliana, etc.; on le laissait libre de faire ce qu'il voudrait dans le Sahara algérien.

Tranquillisé du côté de l'ouest, le maréchal Clauzel s'occupa de préparer la première expédition de Constantine. Croyant toutefois à une simple démonstration et non à un siége sérieux, il laissa les zouaves autour d'Alger, et l'on sait que cette entreprise de Constantine, commencée en octobre, avec une artillerie insuffisante, dépourvue d'approvisionnements, échoua et se termina par une retraite désastreuse dans laquelle nous perdîmes beaucoup de monde par les privations, les fatigues, les tourmentes atmosphériques, l'eau, le froid et le feu de l'ennemi. Le maréchal avait été, à ce qu'il paraît, fort mal renseigné pour cette première tentative : des indigènes à notre service avaient réussi à lui faire croire, et croyaient peut-être eux-mêmes, qu'il suffirait de nous présenter devant l'ancienne Cirta pour qu'elle se rendît.

On partit au milieu de l'automne, et on ne tarda pas à être surpris par les grandes pluies du commencement de l'hiver, qui tout justement cette année-là survinrent plus tôt que d'habitude. Or, en Algérie, ces pluies ont de grands inconvénients pour les corps en campagne : les rivières débordent, les communications sont interceptées, les convois arrêtés; les soldats souffrent au milieu de champs boueux sans pouvoir se préserver; ils ne peuvent faire sécher leurs vêtements, à grand'peine ont-ils quelques maigres feux de cuisine; bref, ils tombent malades et meurent en quantité considérable. Si l'on ajoute à ces conditions déplorables la circonstance morale d'être sous l'impression d'un échec et d'être harcelé sans cesse par un ennemi insaisissable, on se fera une idée de la retraite de Constantine. Elle nous valut, du reste, un officier-général de grand mérite. Changarnier commença dans cette circonstance, d'une façon éclatante, à se faire la réputation qui devait le porter rapidement aux plus hauts grades.

Le maréchal Clauzel dut se retirer à la suite de son insuccès. L'année suivante, la seconde expédition de Constantine, dirigée par le général Denis de Damrémont, fut mieux organisée et combinée; mais, par suite de je ne sais quelle considération qui devait être bien puissante, elle fut commencée encore à l'automne. L'exemple des pluies de l'année précédente n'avait pas servi de leçon, paraît-il, ou bien on avait une crainte bien exagérée de la chaleur. Plus tard, on n'hésita pas à faire des excursions, au milieu de l'été, dans le Sahara même, à travers ses immenses steppes dénués d'eau, et je ne puis m'expliquer comment, en 1837, on ne pouvait se décider à entreprendre le siége de Constantine en plein été. Les environs de la ville offrent deux rivières, le Rummel et son affluent, le Bou-Merzoug, des ruisseaux et des sources, et les troupes n'avaient point à redouter les fatigues de longues marches. Le mieux eût encore été de se mettre en route au printemps, alors que les campagnes algériennes sont si belles, à la saison où les soldats trouvent en abondance dans les prairies des herbes et des légumes sauvages de toute sorte, où les chevaux ont du vert à foison, où la vie de bivouac, en un mot, est le plus agréable. On profitait, en partant en avril, de tous ces avantages, et, si l'opération se prolongeait, on avait tout l'été et l'automne devant soi avant d'avoir à redouter les désastres de l'hiver et de la saison pluvieuse.

Constantine fut heureusement prise le 13 octobre 1837. Le général en chef ne put voir lui-même ce triomphe : enlevé par un boulet, il avait été remplacé par le général Valée, auquel revenait de droit le commandement. La première colonne d'assaul, composée de quarante sapeurs, deux compagnies d'élite du 2ᵉ léger et trois cents zouaves, était commandée par le lieutenant-colonel de Lamoricière. La brèche fut rapidement franchie et notre drapeau arboré sur le rempart de la ville ; mais, à ce moment, une explosion effroyable couvrit de décombres la plupart des premiers assaillants. Lamoricière était du nombre. Lorsqu'on le déterra, il avait le visage tout brûlé, et l'on craignit quelque temps pour sa vue. Il se rétablit cependant et fut nommé colonel, toujours en conservant le commandement des zouaves.

Pendant l'année 1839, il fut appelé à Paris au moment où se discutait la question de savoir si l'on ferait la conquête de toute l'Algérie ou bien si l'on occuperait simplement quelques points sur la côte.

Jetons un coup d'œil général sur la situation algérienne à cette époque, et reconnaissons qu'en effet le gouvernement ne devait pas être fort encouragé à entreprendre la soumission du pays tout entier. Ce qui s'était passé pendant les neuf dernières années n'était pas rassurant, et l'on comprend les hésitations qui durent se produire, en 1839 bien entendu. Si l'on se transporte par la pensée à cette époque, et si l'on suppose inconnu, ce qui, du reste, l'était encore, c'est-à-dire tout ce que nous a appris depuis le maréchal Bugeaud, on se rendra facilement compte de l'état d'incertitude des esprits.

De 1830 à 1839, on avait rudement guerroyé en Algérie ; c'est même l'époque de la guerre la plus fertile en incidents propres à faire valoir les combattants. La lutte, mieux conduite depuis lors, n'a présenté que des succès plus facilement décisifs qui exigeaient moins d'héroïsme.

A quoi avait abouti toute cette phase belliqueuse de

neuf ans? Nous occupions, il est vrai, sur la côte, Oran, Mostaganem, Cherchell, Alger, Bougie, Bône; Philippeville se fondait. Dans l'intérieur, nous avions pris, puis abandonné Tlemcen, Mascara, Miliana, Médéa; nous étions à Blida, Guelma, Constantine, Sétif. Mais il faut savoir ce que c'est que l'occupation d'une ville en Afrique, lorsque l'on n'est pas maître des populations qui l'environnent et que celles-ci sont hostiles. Notre installation dans des villes qui, partout ailleurs, nous auraient livré à peu près le pays tout entier, ne paraissait pas avoir ici la moindre importance. Il fallait y laisser de très-nombreuses garnisons qui ne pouvaient agir loin hors de la place, et qui se mouraient de fièvres et de nostalgie. Bougie était bloquée étroitement; les autres villes ne protégeaient qu'un rayon de peu d'étendue autour et en dehors de leurs murs d'enceinte. Lorsqu'en 1839-1840 on réoccupa Médéa et Miliana, tout le monde sait de combien d'hommes nous étions obligés de payer chacun des ravitaillements de ces places, et les combats meurtriers qui eurent lieu à cette occasion au Ténia de Mouzaïa et ailleurs.

La province de Constantine paraissait d'une administration plus facile, et l'on espérait arriver à y gouverner les tribus sans être obligé de les combattre d'abord; mais ce n'était là qu'une présomption appuyée, il est vrai, sur des faits.

La sécurité n'existait nulle part. Il n'y avait, pour ainsi dire, pas de tribus soumises; elles se riaient de nos embarras, faisaient la guerre comme elles voulaient, à leur heure, et se retiraient sans être inquiétées, quand bon leur semblait. Par le traité de la Tafna, nous avions cru nous débarrasser de la question indigène en abandonnant à Abd-el-Kader presque toutes les tribus des provinces d'Alger et d'Oran ; mais le problème allait se présenter de nouveau avec toutes ses difficultés, car l'émir lui-même recommençait la guerre sous prétexte qu'en passant les Bibans, nous avions violé le traité sus-mentionné.

Outre les villes indiquées plus haut, nous avions partout des postes de surveillance, des redoutes, des camps retranchés, des blockhaus, et, à quelques centaines de mètres de ces établissements, il se passait journellement des désordres que nous ne pouvions empêcher. Parmi les démonstrations importantes qui avaient été faites, on comptait la déroute de la Macta, la retraite de Constantine, et divers combats moins importants qui avaient tourné à notre désavantage. Ces échecs donnaient à réfléchir et compensaient en partie nos succès. Ceux-ci, toujours chèrement achetés, n'avaient amené aucun résultat durable lorsqu'ils avaient eu lieu en rase campagne.

Si l'on jetait les yeux sur la carte générale du pays, on voyait, outre les tribus avec lesquelles on avait eu affaire, d'une part, de vastes pâtés de montagnes remplies d'habitants belliqueux et indépendants avec lesquels il faudrait compter plus tard, et, de l'autre, d'immenses steppes sahariens parcourus incessamment par des populations hostiles que nous ne connaissions pas encore.

Les gouverneurs généraux étaient changés presque chaque année ; il n'y avait pas de plan adopté et suivi : tantôt on voyait un régime de temporisation et d'abstention, et tantôt, avec le maréchal Clauzel notamment, une initiative pleine d'énergie. On se ressentait en Algérie de toutes les incertitudes et indécisions du gouvernement parlementaire. Enfin, dès 1835, le bureau arabe avait été supprimé, et sa mission avait été attribuée à un fonctionnaire nouveau que l'on appela l'*agha des Arabes*. Ce personnage devait sans cesse parcourir la Mitidja pour régler les différends et assurer la sécurité. Le lieutenant-colonel Marey-Monge, officier fort distingué, fut placé dans cette position importante.

Entreprendre la conquête de tout le pays à l'aide des errements suivis, devait paraître une idée dangereuse ; nous verrons plus tard qu'en effet c'était notre manière de faire la guerre avec une artillerie traînée et des convois de prolonges, qui était cause de notre impuissance, en nous empêchant de courir sus à une tribu et de l'atteindre en tout lieu, en tout temps. Or, les Arabes, excités par Abd-el-Kader, se soulevaient de toutes parts ; la guerre sainte était proclamée sur une grande échelle, il fallait prendre un parti. Pour se décider à tenter la conquête complète, il était urgent d'entrevoir une nouvelle manière de conduire la guerre, et d'avoir des raisons suffisantes de croire à son efficacité. Le général Bugeaud, lors de son expédition de la Tafna et du combat de la Sikkak, avait donné une très-bonne leçon en ce sens ; nul mieux que lui ne semblait apte à diriger la nouvelle guerre, si on l'entreprenait. Enfin, après de longues discussions, le gouvernement se décida à l'occupation complète, et envoya en Afrique, au commencement de 1841, le général Bugeaud, en le chargeant d'exécuter les ordres du pouvoir.

Pendant l'année 1840, de glorieux combats avaient eu lieu, comme nous l'avons dit, à l'occasion de l'occupation de Médéa et de Miliana : de Lamoricière s'était, comme d'habitude, beaucoup distingué dans ces rencontres, qui nous coûtaient toujours un grand nombre d'hommes ; il avait acquis un nouveau grade, celui de maréchal-de-camp, pour se conformer aux désignations de l'époque, et avait laissé le commandement des zouaves au digne Cavaignac, nommé à cet effet lieutenant-colonel.

Au moment où Lamoricière quitte les zouaves, rappelons une anecdote qui prouve que le jeune général était loin de se douter du chemin qu'étaient appelés à faire ces soldats, tout spécialement Africains, semblait-il. Il se raconte que lors d'une inspection annuelle, le général inspecteur, questionnant un officier de zouaves, lui demandait quelle était la manière réglementaire de camper. L'officier expliquait ce qu'il voyait faire chaque jour ; mais le général insistait pour qu'on lui développât la partie du règlement en campagne qui concerne les camps tels qu'ils doivent être installés. Enfin, l'officier, poussé à bout, répondit qu'il était aux zouaves, qu'il s'était voué à l'Afrique, et que très-certainement il ne ferait pas la guerre en Europe.

— Vous avez tort, aurait aussitôt objecté l'inspecteur général, vous pouvez très-bien être appelé à combattre de l'autre côté de la Méditerranée.

— Oh! mon général, répliqua Lamoricière, intervenant pour aider son officier, nous en Europe; mais regardez donc nos grands pantalons flottants.

On sait que, depuis lors, ces culottes à l'orientale ont été fort remarquées en Crimée, en Italie, et qu'elles sont très-disposées à se montrer ailleurs encore.

Lamoricière, peu après sa nomination de général, reçut le commandement de la province d'Oran; nous allons le voir sur un théâtre plus vaste développer à l'aise les qualités remarquables dont il était doué. Commander une province algérienne était, à cette époque surtout, une mission fort belle; c'était, à vrai dire, le gouvernement absolu sur la tierce partie de notre colonie. Le général avait en main l'organisation, l'administration de tout le territoire; il disposait des troupes françaises des diverses armes et des contingents indigènes qu'il pouvait réunir. Lamoricière avait, de son côté, fort à faire : il avait presque toutes les tribus à soumettre, et non pas une fois, ni deux, mais presque à chaque saison. Il se trouvait en présence d'Abd-el-

Kader, qui, né dans la plaine d'Eghreïs (tribu des Hachem), près de Mascara, était tout-puissant sur la majeure partie de la province. L'on vit pendant plusieurs années une série de soumissions, révoltes, razzias, puis de razzias, révoltes, soumissions, qui attriste, parce que des deux côtés les souffrances étaient extrêmes.

L'ordre donné voulait que l'on soumît le pays ; il fallait bien obtempérer à cette décision, et voici ce qui en résultait : on châtiait une tribu, attenante au Tell et au Sahara algérien, par exemple, comme la plupart des grandes tribus de la province d'Oran, on lui imposait des conditions de soumission qu'elle acceptait, et elle promettait obéissance et fidélité. Cette opération finie, on se retirait, abandonnant la tribu à elle-même. Quelque temps après, l'émir fondait sur la malheureuse, lui reprochait son alliance avec le chrétien, et déployait ses cavaliers rouges. Sincèrement, que pouvait faire la tribu ? Elle aimait Abd-el-Kader, le héros national, le type le plus recherché des Arabes ; jeune, beau, cavalier accompli, valeureux, de manières distinguées, poëte, orateur, croyant plein d'ardeur. La tribu était entraînée par ses sentiments ; eût-elle résisté, le fils de Mahi-ed-Din avait encore la force, et de toute manière il fallait céder. Le groupe de tentes se soumettait donc à Abd-el-Kader, c'est-à-dire qu'il lui fournissait des hommes, des chevaux de rechange, des approvisionnements, de l'argent, etc. A quelque temps de là, nous revenions de notre côté sur la tribu en question, et de nouveau nous imposions des châtiments; puis venait l'émir, et ainsi de suite... Les malheureux Hachem, entre autres, ont été punis ainsi un nombre de fois très-considérable; ils étaient tombés dans une misère effroyable.

Le général Bugeaud était venu lui-même en 1841 diriger les premières opérations de la province d'Oran, qui nous livrèrent Tlemcen, Mascara et quelques autres points; puis le général Lamoricière était resté avec sa division chargé de compléter la conquête de la province et de l'organiser.

Lamoricière (*Bou Raoua*, l'homme au bâton, comme l'appelaient les Arabes), avait, pour achever son œuvre de la conquête des tribus, un excellent auxiliaire indigène dans les Douairs et Zmelas, qui sont deux tribus de cavaliers de celles qu'on appelait Makhzen sous les Turcs, c'est-à-dire qui étaient chargées d'une mission de surveillance et même de commandement sur les tribus vulgaires. Ces fractions de population, hostiles aux Arabes, qu'elles étaient habituées à contraindre, dévouées au gouvernement, quel qu'il fût, pourvu qu'il les employât, étaient venues tout naturellement à nous, qui avions pris la place des Turcs. Elles étaient ordinairement campées près d'Oran, et avaient pour chef le vieux Moustapha ben Ismaïl, que l'on avait nommé général honoraire. Ce guerrier renommé, qui fut tué en 1843, chez les Flitta, le fusil à la main, à l'âge de plus de quatre-vingts ans, était l'ennemi personnel de la famille d'Abd-el-Kader. Il avait toujours combattu à nos côtés, dans toutes les affaires de l'Ouest, notamment pendant la courte campagne dirigée par le général Bugeaud sur la Tafna (1836). Il s'était pris de grande amitié pour Lamoricière et servait avec plaisir sous ses ordres.

C'est dans son contact journalier avec les indigènes que Lamoricière apprit cette façon de faire la guerre à la mode arabe, et qui consiste à se tenir au courant de tout ce qui se passe dans la tribu menacée, à savoir où sont les troupeaux, où les grandes tentes, où les approvisionnements de grains, où les emplacements de marchés, etc.; puis, à l'aide de tous ces renseignements, de combiner un coup de manière à tomber à l'improviste sur la fraction de tribu ou sur ses biens. Le moyen de réussite habituel est de franchir, dans une marche de nuit, la dernière distance qui sépare du point à frapper, et d'opérer la surprise au petit jour. Il faut quelquefois faire plusieurs marches de nuit de suite, en sens divers, pour tromper la surveillance de l'ennemi. Lamoricière s'occupait lui-même de trouver des espions intelligents ; il lui arrivait parfois, pour les décider, de faire remplir son képi de douros (pièce d'argent de 5 fr.) et de les lancer en rivière aux pieds de l'Arabe, en lui disant : « Tout cela est à toi, si tu fais ce qui est convenu. »

L'année 1842 et la suivante furent employées au

châtiment et à la soumission de diverses tribus ; mais le vide s'était fait dans une bonne partie de la province. Abd-el-Kader, changeant de tactique, avait invité ses coreligionnaires à quitter leur pays et à venir avec lui sur la frontière marocaine ou au Sud vivre en pays musulman. Bon nombre de tribus s'étaient retirées, et l'émir faisait constamment de nouvelles tentatives armées sur le pays qui lui avait été soumis pendant quelques années.

Nous arrivons au moment où nous avons personnellement vu le général Lamoricière à l'œuvre africaine. La qualité qui nous a paru la plus saillante chez le célèbre général est une activité réellement extraordinaire. Il était presque toujours en course à travers sa province, rejoignant à la hâte ses troupes lorsque celles-ci étaient au moment d'agir, les devançant au retour, écoutant lui-même, tout le long du chemin, les renseignements donnés par les indigènes ; puis, une fois descendu de cheval, il faisait des réponses aux projets qui lui étaient soumis, s'occupait de tous les détails d'organisation de la province, venait quelquefois à Oran, par une longue et rapide course, recevoir des dépêches importantes, y répondre, et repartir aussi vite qu'il était venu. Le général plaisait beaucoup aux troupes par son entrain, sa bonne humeur, sa familiarité; il ne négligeait, du reste, aucun moyen de se rendre agréable, et, entre autres précautions, n'omettait jamais d'appeler les simples officiers par leur nom. Les troupes de Mascara, quartier général de Lamoricière, qui se trouvaient sous les ordres immédiats du jeune chef, se donnaient à elles-mêmes le titre de *nouvelle armée d'Italie,* tant elles étaient fières de leur général.

Une habitude de Lamoricière, pendant les longues marches, consistait à fumer constamment des cigares ; l'un succédait à l'autre presque sans interruption. Un spahi, qui suivait le général, n'avait pas d'autre mission que de fournir des cigares : on l'appelait ironiquement le porte-cigares de Lamoricière. De plus, on avait remarqué le temps à peu près que le général mettait pour fumer un cigare, on savait le chemin que l'on faisait dans cet espace de temps, et on en avait conclu une nouvelle unité de distance. Ainsi, on ne disait plus : « Il y a tant de lieues d'ici à....., mais bien tant de cigares. » Le petit képi africain sur la tête, la tunique courte, le pantalon très-large, une ample ceinture sur la taille, une longue canne à la main, sans épée, sans épaulettes, tel nous aimions à voir devant nos colonnes le jeune général, qui contrastait si fort avec les officiers supérieurs ou généraux, engoués, pour la plupart, des règlements rigoureux et de tout ce qui impose une gêne, une contrainte à leurs inférieurs. Petit, mais trapu, d'une physionomie vive et agréable, Lamoricière était surtout aimé des jeunes officiers ; il le savait, et le leur rendait bien. Il disait souvent aux chefs de corps : « Faites reposer vos anciens officiers, s'ils sont fatigués, « mais donnez-moi des sous-lieutenants ; il me faut

« des sous-lieutenants en masse. » Le général savait, par expérience, qu'il pourrait beaucoup exiger de jeunes gens désireux de se distinguer, animés du feu sacré, et flattés, au dernier point, d'être remarqués d'un des plus glorieux chefs de l'armée. Lamoricière avait une façon très-rude de conduire la guerre, il ne ménageait ni les fatigues, ni les privations; il y eut surtout une campagne d'hiver, dans les environs de Mascara, restée fameuse dans les fastes de la province par les souffrances que les hommes et les bêtes eurent à endurer. Les silos ennemis étaient presque la seule ressource de la colonne; beaucoup de chevaux périrent.

L'année 1844 vit la campagne du Maroc, dont nous nous entretiendrons plus longuement dans la notice du maréchal Bugeaud. C'est le général Lamoricière qui eut l'honneur de la commencer. Il avait reçu l'ordre d'établir un poste sur la frontière marocaine, et il avait fait choix de l'emplacement de Lalla Maghnïa, point occupé autrefois par les Romains. Le 1ᵉʳ mai 1844, il fit commencer les travaux au son du canon, qui célébrait la fête du roi. Lamoricière, constamment sur les lieux, sut tellement exciter l'émulation par bataillon et par compagnie, qu'en quelques jours une immense redoute fut tracée, entourée de fossés profonds. Les Marocains ne furent pas très-satisfaits de ces remuements de terre, bien qu'ils fussent entrepris sur notre territoire. Deux officiers de la garde noire de l'empereur du Maroc, d'un teint de l'ébène le plus foncé, mais d'une figure toute caucasienne, beaux cavaliers, du reste, vinrent, de la part de leur maître, nous signifier de détruire et d'évacuer Lalla Maghnïa, sans quoi les Marocains se verraient forcés de prendre Tlemcen, Oran, voire même Alger. Sur la réponse négative qui fut faite, les contingents ennemis commencèrent à se ramasser.

Un premier combat eut lieu le 30 mai. Lamoricière le dirigeait de notre côté; l'ennemi fut lestement repoussé. Le mois suivant, le maréchal Bugeaud, prévenu des événements, nous rejoignit avec des renforts. Il envoya le général Bedeau à une conférence convenue avec un chef marocain, pour essayer de faire la paix; mais les pourparlers ne réussirent pas; on manqua même de respect envers le général et son escorte. Celle-ci, composée de zouaves, avait ordre de ne pas se servir de ses armes, et, pour répondre aux insultes ennemies, elle commençait à ramasser des pierres et à les lancer, lorsque la conférence fut brusquement dissoute.

Quelques combats préparatoires eurent encore lieu en juillet et août, puis on occupa Ouchda, ville marocaine, et enfin, le 14 août, sur les bords de l'Isly, eut lieu la belle bataille dans laquelle fut complétement battu le fils du sultan Muley-abd-er-Rahman. Nous reviendrons, dans la notice suivante, sur cette page glorieuse de la vie militaire du maréchal Bugeaud. Ne perdons point de vue le chef qui nous occupe.

Nous le vîmes, le soir de la bataille, assis au milieu du camp, sur un sac d'orge; je me trouvais avec quelques officiers de chasseurs à pied qui le connaissaient assez pour lui adresser la parole, et la conversation s'engagea. Le général ne cessait de répéter : « Avez-« vous vu ?... Quelle bataille ! il n'y a que le maréchal « Bugeaud pour nous faire des choses pareilles. » Il me sembla que le général Lamoricière était comme attristé d'avoir vu un événement militaire tel qu'il ne pourrait lui-même en produire un semblable. Il était soucieux et se sentait probablement rapetissé à ses propres yeux.

Pour la plupart d'entre nous, en effet, les entreprises menées par Lamoricière nous laissaient une idée de vigueur, de rapidité, d'audace, d'esprit de ressources, de connaissances locales ; elles se recommandaient surtout par une grande habitude du pays et un cachet tout africain. La manière du maréchal Bugeaud frappait l'intelligence plus haut et fort. A la suite d'une opération semblable à la journée d'Isly, par exemple, on était amené à se remémorer tous les grands événements militaires dans lesquels de faibles armées disciplinées ont vaincu des masses guerrières innombrables, mais sans discipline ; il fallait involontairement se rappeler les faits mémorables des campagnes d'Alexandre en Orient, de Bonaparte en Égypte. On demeurait émerveillé de l'immense avantage que peut s'assurer une intelligence supérieure dans les drames compliqués de la guerre.

L'année suivante (1845), pendant que Lamoricière

exerçait à Alger le gouvernement général par intérim, une insurrection formidable éclata sur plusieurs points de la province d'Oran. Nos troupes, prises à l'improviste, éprouvèrent de nombreux malheurs à quelques jours de distance. A Sebdou, le commandant supérieur, le chef du bureau arabe et leur escorte furent égorgés. A Aïn-Temouchen, un détachement se rendant de Tlemcen à Oran fut fait prisonnier. Dans la subdivision de Mostaganem, le 9ᵉ bataillon de chasseurs à pied, le 4ᵉ chasseurs d'Afrique, durent lutter dans des conditions par trop inégales contre les contingents ennemis, et les chefs de ces deux corps furent tués au combat. Aux environs du marabout de Sidi-Brahim, le 8ᵉ bataillon de chasseurs et quelques hussards succombent héroïquement dans des circonstances que nous avons rappelées plus loin, dans un chapitre à part.

Le général Lamoricière prévint aussitôt le maréchal Bugeaud, en le priant de revenir au plus vite, et se rendit en toute hâte dans la province insurgée. Toutes les mesures furent prises immédiatement pour que de nouveaux malheurs fussent évités. Puis Lamoricière se porta à la tête de sa colonne, sur la tombe du 8ᵉ bataillon de chasseurs, et là il adressa à ses troupes des paroles pleines d'énergie et de promesses de vengeance : « Fantassins, dit-il, épointez vos baïonnettes ; cava-
« liers, aiguisez vos sabres ! »

Or, à la suite de plusieurs petits combats et de marches fatigantes, on était arrivé à cerner, entre la mer

et les montagnes, dans une plaine n'ayant pour issue que le sentier par lequel on débouchait, la plus grande partie des populations insurgées de ce côté de la province. La majorité, je crois, était composée de Traras. Déjà les soldats s'apprêtaient à sacrifier le plus possible aux mânes de leurs camarades, lorsque Lamoricière fait faire halte, entre en pourparlers avec les Arabes, accepte leur soumission, sous la condition de quelques amendes et d'obligations de diverses sortes, et dirige sa colonne sur un autre point. Je me souviens que l'impression produite sur la troupe fut très-pénible; aujourd'hui, à quatorze ans de distance, je ne puis m'empêcher de donner raison au général; mais alors je partageais le mécontentement des officiers et soldats, qui se regardèrent, en quelque sorte, comme dupés. De vieux zouaves ne se gênaient pas pour crier ironiquement, en passant à quelque distance de la tente du général : « Aiguisez vos sabres, épointez vos baïon-
« nettes ! »

Lamoricière expliqua dans son rapport qu'il avait cru devoir arrêter ses troupes, parce que le carnage eût été trop grand. Mais n'était-ce pas lui qui, tout le premier, avait excité ses hommes? Pour tous, il y avait quelque chose de mystérieux dans cette affaire; quelques-uns pensaient que Lamoricière voulait se faire de sa modération une réclame pour la députation, et ils le disaient assez brutalement. De fait, l'on vit, quelques jours après, dans bon nombre de journaux, surtout ceux soi-disant progressistes, un éloge pompeux de l'humanité du jeune général. Quelques feuilles profitèrent de l'occasion pour faire valoir ce dernier aux dépens du *père Bugeaud*. Ce n'était qu'une sottise ajoutée à tant d'autres produites par la presse. Le maréchal Bugeaud était, certes, plus humain que Lamoricière ; il n'est pas un soldat d'Afrique qui le mette en doute. Tandis que Lamoricière n'hésitait jamais à causer la mort d'un nombre considérable de soldats par des fatigues extraordinaires qui auraient pu quelquefois être évitées, le maréchal Bugeaud ne se décidait que dans des cas urgents à exiger beaucoup de sa troupe. Il avait un soin extrême de rechercher des bivouacs agréables aux troupiers, sur les bords d'une rivière, près d'un bois, etc., à tel point que, lorsque les soldats apercevaient au loin un bouquet d'arbres, ils ne manquaient pas de dire : « Ah ! le père Bugeaud va nous faire faire halte là-« dessous, peut-être même nous bivouaquerons. »

Pour en revenir au cas qui nous occupe, l'opinion générale dans la colonne était que Lamoricière ne tenait nullement à épargner les Traras, et que, s'il les ménageait, c'était dans l'intérêt de son ambition. Il quitta à ce moment les troupes, qui paraissaient mécontentes de leur chef, et se rendit au quartier général pour vaquer à d'autres occupations.

L'année 1846 fut employée en grande partie, par le commandant de la province d'Oran, à faire des études de colonisation de l'Algérie. Il produisit, avec l'aide des officiers de son entourage, des travaux remplis de notions précieuses, à la suite desquels il émettait l'avis de faire de la colonisation au moyen de grands capitalistes ou de compagnies, auxquels on céderait du terrain, à la charge de le peupler d'Européens. C'était ce qu'on appela *le système de la colonisation à bon marché;* il était en opposition avec celui du maréchal Bugeaud, qui soutenait que l'on ne pouvait arriver à des résultats, même minimes, qu'avec force secours en hommes et en argent. Le maréchal voulait installer sur la lisière du Tell des colonies militaires puissamment aidées par l'armée et l'État. L'adoption de cette idée aurait, sans doute, coûté beaucoup; mais il y aurait eu au moins quelque chose de fait, tandis qu'au train dont le peuplement se produit, on ne prévoit pas encore le moment où le chiffre des Européens en Algérie commencera à balancer celui des indigènes.

Toutefois, les documents fournis par l'état-major du général Lamoricière seront toujours bons à consulter. C'est une des qualités de ce général d'avoir su grouper autour de lui des officiers du plus grand mérite. Nous avons vu successivement près de lui MM. de Crény, d'Illiers, de Senneville, de Martimprey, depuis chef d'état-major de l'armée de Crimée et adjoint au major-général de l'armée d'Italie; Trochu, aujourd'hui général de division à quarante-deux ans. MM. Daumas, Walsin Esterhazy, Bosquet, Charras, Deligny, ont été ses officiers chargés des affaires arabes.

L'année 1847 vit Lamoricière à la Chambre des députés. Nous ne nous occuperons pas de ce qu'il y fit. Notre Africain nous paraissait, moins que tout autre, à sa place, au milieu de ces maîtres de forge et fabricants de chocolat, tous complétement ignorants de la question algérienne; et l'ensemble de tous les problèmes relatifs à la colonie n'est pas de ceux que l'on puisse faire comprendre par quelques discours. Le général ne tarda pas, du reste, à rendre encore un service important à l'Algérie. Après avoir poursuivi Abd-el-Kader avec une grande vigueur, il parvint à le réduire à une extrémité telle, que celui-ci demanda à se rendre, mettant pour condition principale à sa reddition d'être conduit en Orient. C'était déjà un grand avantage que d'obtenir l'éloignement de l'émir dans une contrée où on pourrait le surveiller. Lamoricière accorda la condition, qui fut ratifiée par le duc d'Amale, alors gouverneur de l'Algérie. Cependant, on ne tarda pas à attaquer, à la Chambre même, la conduite des deux généraux : on s'obstina à condamner la concession accordée à l'émir, sans vouloir tenir compte des circonstances déterminantes. Il en est toujours ainsi lorsque l'on soumet, après coup, à des discussions, des faits de ce genre. Abd-el-Kader fut, en conséquence, provisoirement gardé à Pau, puis à Amboise. Nous rappellerons, à ce sujet, un mot plein de sens et de malice prononcé par Lamoricière. Il était interpellé un jour, en pleine Chambre, à propos d'Abd-el-Kader, par un orateur complétement étranger, du reste, aux affaires d'Afrique, qui concluait, à la suite d'une longue amplification incolore, comme savaient en produire les parlementaires, par cette opinion : que mieux valait l'émir en Algérie qu'en Orient. « Eh bien ! répliqua Lamoricière, rien n'est plus facile que de satisfaire l'orateur : vous tenez Abd-el-Kader, reconduisez-le en Algérie. » L'*honorable préopinant* ne trouva rien à répondre, que je sache.

Sous le gouvernement républicain de Février, Lamoricière, ministre de la guerre, contribua à faire voter l'emploi de 50 millions à la colonisation européenne de l'Algérie ; il fit aussi adopter l'installation de fonctionnaires civils rappelant l'administration de la métropole. Trois préfets furent nommés : à Alger, Constantine, Oran ; des sous-préfets furent également placés sur divers points. Tous les progrès en ce sens, reconnus opportuns, furent réalisés. C'est donc encore à un militaire que l'Algérie doit son organisation civile actuelle. Preuve bien convaincante que les chefs de notre armée ne sont pas systématiquement hostiles à toute modification du régime en vigueur sur une grande partie de notre colonie, et que, loin de là, ils sont quelquefois les premiers à faire accepter les améliorations jugées possibles.

Pour nous, si nos vœux avaient pu être exaucés, nous eussions désiré voir Lamoricière ne jamais quitter l'Afrique, y devenir gouverneur-général de l'Algérie, accomplir la conquête du territoire et mourir glorieusement à l'attaque du dernier mamelon resté hostile, ou bien encore achever l'organisation de la colonie, la conduire patiemment au point où elle pourra cesser, sur toute la surface, d'être administrée militairement, et avoir l'honneur de clore dignement la liste des gouverneurs généraux. Mais le sort n'en a point décidé ainsi, et de récents événements semblent annoncer pour le général Lamoricière une carrière toute nouvelle.

On sait que le général africain avait épousé, peu de temps avant la révolution de Février, Mlle d'Oberville, issue d'une ancienne famille légitimiste. Il vivait à l'étranger depuis le 2 décembre, lorsque, à la suite de la mort de son fils aîné, qui faisait son éducation en France, il reçut l'autorisation de rentrer dans son pays, il y a deux ans environ.

Tout dernièrement, le pape ayant fait prier le héros de Constantine de prendre la direction de l'armée pontificale, le général Lamoricière est aussitôt parti pour les États de l'Église. Il a commencé par jeter un coup d'œil sur la situation, et, à la suite d'une longue entrevue avec Pie IX, il a définitivement accepté le commandement des troupes papales, auxquelles il a fait connaître sa décision par un ordre du jour.

Cette détermination a été diversement appréciée et critiquée avec passion par certains journaux. Bon nombre de gens, cependant, pensent que le nom de Lamoricière à Rome est l'indice de réformes libérales dans les Etats pontificaux, et comparent sa position à celle de M. Rossi, Français, d'esprit généreux et libéral, qui accepta, il y a une dizaine d'années, la mission d'aider le pape dans ses projets de rénovation.

Lamoricière va se mettre à l'œuvre et former une armée, et lui, le *général-zouave* par excellence, songera probablement à organiser quelques régiments de zouaves. Ce ne sera pas une des curiosités les moins singulières de notre siècle, de voir au service du chef de la catholicité des troupes dont le type primitif est tout musulman.

En tout cas, l'autorisation donnée par le gouvernement impérial indique qu'on ne saurait voir dans la mission du général Lamoricière une entreprise qui pourrait aboutir à des actes hostiles à la France. L'œuvre à accomplir est déjà bien assez considérable, même en la restreignant aux États de l'Église, et il est au moins fort prématuré de faire craindre, pour l'avenir, des complications qui ne surgiront sans doute pas.

II

BUGEAUD, duc d'isly

conquête de l'algérie

Nous avons surtout à étudier dans le maréchal Bugeaud, le conquérant de l'Algérie, le créateur du mode de guerre qui devait nous assurer la conquête et la conservation de ce vaste pays, le gouverneur de notre colonie méditerranéenne. Nous croyons cependant devoir commencer par quelques pages sur la partie de la vie du maréchal qui a précédé la guerre d'Afrique; elle nous fera mieux connaître l'homme illustre dont nous voulons honorer la mémoire.

Bugeaud de la Piconnerie (Thomas-Robert) est né à Limoges le 15 octobre 1784. Il fut nommé caporal à Austerlitz (1805), et sous-lieutenant l'année suivante.

Après avoir fait les campagnes de Prusse et de Pologne, il se rendit en Espagne avec le grade de lieutenant adjudant-major, et il ne quitta plus ce pays jusqu'en 1814.

Capitaine d'une compagnie d'élite, il se distingue dans plusieurs circonstances, notamment au siége de Tortose. Chef de bataillon devant Tarragone, il chasse vigoureusement une colonne de Valenciens; il rend chaque jour des services importants à l'armée d'Aragon par son activité, son audace, son entente des petites opérations de la guerre. Entre autres faits saillants, le commandant Bugeaud était chargé par le maréchal Suchet du commandement de l'arrière-garde lors de la retraite qu'opéra l'armée d'Aragon après la bataille de Vittoria. Pendant l'hiver 1813-1814, il avait sur le Lobrégat la direction des avant-postes, genre de service dans lequel il s'était surtout fait remarquer, et c'est en cette qualité qu'il enleva plusieurs détachements ennemis, et eut par suite à supporter lui-même des attaques qu'il repoussa toujours avec succès.

Lieutenant-colonel du 14º de ligne (1813), puis colonel du même régiment l'année suivante, Bugeaud, aux Cent-Jours, se retrouva à l'armée des Alpes sous les ordres du maréchal Suchet. Ici il fut chargé du commandement de l'avant-garde, et ne tarda pas à renouveler ces hardis coups de main par lesquels il s'était fait connaître à l'armée d'Aragon. Le 15 juin, il enlève un bataillon de chasseurs piémontais; le 16, il rencontre une brigade, la force à se retirer en lui faisant deux cents prisonniers. Le 23, il détruit un autre bataillon à Moustier. Le 28 juin, au moment où il venait de recevoir le bulletin de Waterloo, il n'hésite pas à poursuivre ses opérations; il harangue ses hommes, leur parle de la France, de l'honneur du drapeau, et tombe sur les Autrichiens. Il accomplit, en cette occasion, un fait d'armes extrêmement glorieux, dont le souvenir est fêté chaque année dans le pays même. Pendant dix heures de combat, le colonel Bugeaud eut à tenir tête, avec ses dix-sept cents hommes, à dix mille Autrichiens, et il sut si habilement manœuvrer, qu'il finit par les chasser en leur tuant deux mille hommes et en leur faisant mille prisonniers. Les détails compliqués des mouvements et incidents partiels de cette journée ont été relatés par le maréchal lui-même.

Licencié au retour des Bourbons, Bugeaud se retira dans le Périgord et se fit cultivateur. Il porta dans ses nouvelles occupations la même activité, la même intelligence, le même besoin de trouver des procédés nouveaux, préférables à ceux que nous lègue la routine. Il contribua puissamment aux améliorations agricoles qui se produisirent autour de lui, et, pour caractériser d'un mot son rôle à ce point de vue, il suffit de rappeler que ce fut lui qui organisa le premier comice agricole, institution qui devait avoir grand succès et s'étendre rapidement.

Enfin arriva la révolution de 1830; le colonel Bugeaud

fut remis en activité, comme la plupart des licenciés de 1815 qui voulurent reprendre du service, et il ne tarda pas à être nommé maréchal-de-camp (1831). Peu de temps après, le général Bugeaud fut chargé d'une mission qui eut une très-grande importance dans sa vie, car elle fut en partie cause de l'animosité que la presse dite libérale ne cessa de lui porter. C'est lui qui garda à Blaye, et plus tard conduisit à Palerme, la duchesse de Berry. Or, bien qu'il se fût acquitté de son devoir avec convenance et courtoisie, un député, M. Dulong, osa lui reprocher en pleine chambre de s'être fait geôlier. Un duel s'ensuivit, et M. Dulong, qui était fort aimé de ses amis du parti de l'opposition, perdit la vie. De là la haine de certains journaux pour le général Bugeaud. Ils ne reculèrent devant aucune calomnie pour ternir sa réputation; en voici un exemple concluant. Le général Bugeaud commandait une partie des troupes employées contre l'émeute en avril 1834. Les habitants d'une maison de la rue Transnonain ayant été passés au fil de l'épée par un détachement d'infanterie, on s'empressa de rejeter tout l'odieux de cette exécution sur l'homme qui nous occupe, bien que celui-ci, — des preuves plus que suffisantes en ont été fournies,— n'ait eu aucune action sur les troupes de la rue Transnonain, qui n'étaient pas sous son commandement.

Cette malveillance de la presse a été très-préjudiciable, croyons-nous, au général Bugeaud, en ce qu'elle a dû nuire aux intérêts de sa renommée. Lui-même s'en est impressionné parfois très-vivement, et s'est mêlé à la polémique avec une certaine acrimonie. On lui a même fait un reproche de s'être montré trop sensible aux attaques des journaux, et cependant la portée de ces dernières est telle qu'elles suffiront pour empêcher de longtemps que la célébrité du maréchal Bugeaud devienne très-populaire. C'est là une de ces injustices de l'opinion qui ne sont que trop communes. Ainsi tel maréchal du premier Empire, parce que son nom est cité dans les grandes batailles du commencement du siècle, dans les bulletins du grand capitaine, aura peut-être à tout jamais plus de renom que le vainqueur d'Isly, bien que doué d'une valeur militaire moindre (1). Je me

---

(1) Il faut avoir entendu parler le maréchal duc d'Isly, l'avoir vu au feu ou dans l'exercice du commandement, et avoir lu ses écrits et ses lettres, pour se faire une idée exacte de la haute capacité militaire de cet homme illustre, taillé à l'antique et grand capitaine dans toute l'acception du mot. Quiconque l'a étudié reste convaincu qu'il avait dans la tête tout un système raisonné de faire la guerre, et la bataille de l'Isly ne fut qu'une application de ce système à un cas particulier. Les maréchaux du premier Empire, à l'exception cependant de Gouvion Saint-Cyr, n'eurent jamais ni grandes conceptions à imaginer, ni entreprises de longue haleine à conduire, leur gloire n'est pour ainsi dire qu'un rayon de la gloire éclatante de Napoléon 1er, qui souvent leur dictait jusqu'aux détails de leurs opérations, de sorte qu'ils n'avaient plus qu'à entraîner leurs troupes et les maintenir au combat. Le maréchal, au contraire, a imaginé seul ce qu'il a fait; ses campagnes, sa conquête de l'Algérie, ses victoires, sont des œuvres toutes personnelles qui, n'ayant jamais été ternies par un seul revers, doivent le faire placer au premier rang parmi les généraux qui ont commandé des armées.

rappelle, pour mon compte, et je le confesse humblement, que lorsque je sortis de Saint-Cyr pour me rendre en Algérie, j'étais fort satisfait en rejoignant mon bataillon, si ce n'est sur ce point, que notre belle armée d'Afrique fût sous les ordres d'un chef tel que Bugeaud. J'avais pris à la lettre les accusations d'une certaine presse. Le revirement, comme on le pense bien, ne fut pas long à se produire dans mon opinion. Quelques entretiens avec mes nouveaux camarades m'eurent bientôt détrompé, jusqu'au jour où, ayant vu personnellement le maréchal et l'ayant entendu parler guerre, je fus convaincu à tout jamais de sa réelle supériorité.

Au mois de juin 1836, le général Bugeaud fut envoyé en Algérie, avec mission de dégager la brigade d'Arlanges, bloquée dans le camp de la Tafna, et d'essayer de rendre à nos armes, dans le pays, la supériorité morale. Débarqué à la tête de trois régiments de ligne, il résolut de prendre aussitôt l'offensive, mais il annonça en même temps une façon toute nouvelle de conduire les opérations. Il prescrivit d'embarquer pour Oran l'artillerie, les prolonges, les chariots, et de garder seulement les chevaux de trait pour en faire des bêtes de somme. On ne manqua pas d'adresser au nouveau général de nombreuses objections sur les bons effets des canons. Mais notre futur gouverneur avait vu juste; il avait senti que l'artillerie traînée et les convois de prolonges étaient cause de nos insuccès, en nous attachant à une direction forcée, en nous ôtant toute mobilité, en permettant aux Arabes de se grouper autour des passages difficiles, et de nous accabler sans crainte de représailles, en nous interdisant de repousser avec vigueur, fort au loin, dans les terrains les plus difficiles, les contingents ennemis.

Le général Bugeaud exposa ses idées aux officiers, et chargea l'expérience d'en démontrer l'efficacité. A la tête de six mille hommes, il quitta le camp de la Tafna se dirigeant sur Oran; l'ennemi essaya, comme d'habitude, d'inquiéter les flancs de l'arrière-garde; mais la colonne expéditionnaire, débarrassée de ses impédiments et conduite d'une main ferme, repoussa vigoureusement les Arabes et les dégoûta pour quelque temps.

D'Oran, le général Bugeaud conduisit sa petite armée à Tlemcen, à travers une contrée tout hostile, et livra près de cette ville le beau combat de la Sikkak, qui marque le point de départ de la nouvelle manière de combattre en Algérie. Les masses arabes d'Abd-el-Kader, poussées à fond avec une vigueur et une persistance qu'elles n'étaient pas habituées à rencontrer, se débandèrent en perdant beaucoup de monde, laissant leurs morts et deux cents prisonniers, fait nouveau qui ne s'était pas encore produit. Le général Bugeaud s'en revint sans être inquiété dans sa marche, et se rembarqua pour la France, où l'attendait le grade de lieutenant-général.

Mais Abd-el-Kader n'avait pas tardé à se montrer de

nouveau dans la province d'Oran, à assaillir nos postes, à couper nos communications. Le général Bugeaud fut nommé commandant de la province d'Oran, avec la mission de faire un traité de paix avec Abd-el-Kader. Ce traité fut conclu, le 31 mai 1837, sur les bords de la Tafna ; les détails en sont trop connus, ainsi que les incidents de l'entrevue des deux chefs, pour que nous les reproduisions ici.

Après la conclusion de la paix avec l'émir, le général Bugeaud était revenu en France, où il remplissait très-activement son mandat de député d'Excideuil. Il prenait souvent la parole à la Chambre, et, jusqu'en 1840, il se montra peu favorable à l'occupation complète de l'Algérie. Il voyait en perspective, pour la réalisation de cette entreprise, des dépenses d'hommes et d'argent trop considérables. Mais lorsque les Arabes eux-mêmes eurent recommencé les hostilités en 1839, lorsque la guerre sainte fut proclamée, que l'opinion en France se prononça énergiquement pour la conquête, le général qui avait seul donné les preuves d'une capacité militaire à la hauteur de cette tâche, dut en être chargé, et, le 29 décembre 1840, il fut nommé gouverneur-général de nos possessions algériennes.

Nous avons vu que jusqu'à présent, par suite des incertitudes du pouvoir, on n'avait guère suivi une même ligne de conduite pendant une année complète. On avait occupé et abandonné plusieurs fois les mêmes postes, on avait accompli de beaux faits d'armes, montré beaucoup d'héroïsme, mais sans en recueillir les fruits. Nos colonnes ne laissaient pas beaucoup plus de traces dans le pays qu'elles traversaient que le vaisseau dans les flots. Abd-el-Kader, qui avait organisé les tribus et créé une sorte de gouvernement, occupait toutes les villes de la province de l'Ouest, excepté Oran et Mostaganem, et il avait tous les Arabes de cette contrée à sa dévotion ; il détenait aussi plusieurs points de la province d'Alger, tels que Boghar et Thaza, et il exerçait son autorité sur toutes les populations de cette province, excepté celles de la Mitidja ; encore avait-il des intelligences jusqu'au sein de ces dernières. La guerre promenait ses horreurs jusque sous les murs des villes que nous occupions.

Heureusement l'aspect de la colonie va bientôt changer. Le général Bugeaud n'a plus un simple commandement partiel ; il est le chef suprême dans toute l'étendue de nos possessions du nord de l'Afrique ; on lui a promis tous les subsides dont il aura besoin, et il se trouve enfin en présence d'une mission digne de ses mérites divers.

Le nouveau gouverneur, qui se propose de pénétrer partout en Algérie, de poursuivre les Arabes en tout lieu avec le plus de célérité possible, supprime tous ces blockhaus, toutes ces redoutes, ces camps retranchés, où étaient immobilisés, sous prétexte de garder le pays, des corps de troupes qui perdaient beaucoup de monde par les maladies, les privations, et ne rendaient aucun service. Pour assurer la sécurité dans le pays, le gouverneur avait un plan bien plus simple et plus efficace: il se proposait de forcer les tribus arabes à se soumettre, à reconnaître des chefs pris, il est vrai, dans leur sein, et à répondre de la tranquillité du territoire (1). Et, en effet, dès la soumission de la majorité des tribus, en 1842, on vit sur nos routes et dans les contrées qui sont situées entre les villes que nous occupions, une sécurité dont on n'avait point encore eu exemple, et que les plus exigeants n'auraient osé espérer.

On connaît, en général, les détails des combats qui ont fait l'objet de bulletins officiels, nous nous appesantirons, de préférence, sur ce qui est moins su du public.

Le gouverneur, avec les troupes qui vinrent de France et celles qu'il tira de divers postes, composa plusieurs colonnes mobiles qui étaient destinées à rayonner autour de certains points. Ceux-ci étaient les places importantes que nous occupions déjà ou que nous reprîmes à l'émir dès le commencement des hostilités. C'étaient,

---

(1) Un des mérites du maréchal duc d'Isly fut d'avoir un système précis, un plan raisonné; car, dès qu'il eut prouvé par des succès que sa méthode était bonne, sa présence personnelle ne fut plus partout nécessaire, et il put charger ses généraux et même ses officiers d'un rang peu élevé d'agir sur une portion plus ou moins étendue du territoire africain, d'après les exemples et les préceptes catégoriques qu'il leur avait donnés.

dans la province d'Alger, Blida, Médéa, Miliana, Cherchell, Tenès et Orléansville, lorsque ces deux dernières furent fondées; dans la province d'Oran, Oran, Mostaganem, Mascara et Tlemcen; enfin, dans la province de l'Est, Constantine, Bone, Philippeville, Sétif et Batna. Le gouverneur lui-même se mettait à la tête d'une ou plusieurs de ces colonnes réunies, à laquelle ou auxquelles il adjoignait quelques troupes de réserve, habituellement tenues, à cet effet, à Alger ou à Blida. C'est ainsi que, dès son arrivée, il parcourut toute la province d'Oran, prenant Mostaganem pour point de départ; puis il opéra tour à tour dans les montagnes arrosées déjà de tant de sang français, qui séparent Blida de Médéa et de Miliana, dans les pays difficiles qui bordent les deux branches du Chélif et qui renferment l'Ouarensenis; puis encore dans les régions montueuses qui s'étendent entre Cherchell et Miliana, et que peuple la puissante tribu des Beni-Menasser. Le général Changarnier eut une grande part dans ces entreprises et se signala par sa vigueur dans les combats. Le général Baraguay-d'Hilliers, les princes d'Orléans, rendirent également de glorieux services.

Pendant ces deux années (1841-1842), le gouverneur avait chassé de partout les représentants d'Abd-el-Kader, les khalifas, tels que Berkani, Ben-Allal, Ben-Thami, Bou-Hamedi, qui avaient commandé à Médéa, Miliana, Takdempt, Mascara et Tlemcen. Il avait pris tous les postes occupés précédemment par l'émir, reçu la soumission de la plupart des tribus, et forcé le fils de Mahi-ed-Din et ses partisans à se réfugier dans les steppes du Sahara ou dans les provinces marocaines. L'unité, l'ensemble de la puissance d'Abd-el-Kader étaient à jamais brisés. Il restait bien encore par-ci par-là quelques points non parcourus, où nous devions nous attendre à rencontrer des résistances partielles; mais ces opérations devant avoir lieu dans un cercle restreint, n'étaient pas au-dessus des forces que pouvaient faire mouvoir les commandants des colonnes mobiles dont nous avons parlé.

Ainsi, Ben-Salem, le seul des khalifas d'Abd-el-Kader qui fût encore debout, se tenait en Kabylie, d'où il nous bravait en attendant que son heure fût venue. Quelques pâtés de montagnes étaient encore hostiles dans le Dahra, le pays des Flittas sur la Mina, et la subdivision de Tlemcen; il y avait aussi des tribus de la province d'Oran, qui, à cheval sur le petit Sahara et le Tell algérien, nous donnaient beaucoup de mal,— ainsi que nous l'avons fait comprendre dans la notice sur Lamoricière, — pour parfaire la conquête. Parmi elles, il faut citer les Harrar, les Hachem, les Djafra, les Angad, etc. Quant aux tribus sahariennes, il ne pouvait encore en être question. A la fin de 1842, tout le Tell algérien, c'est-à-dire toute la partie cultivable de l'Algérie qui s'étend entre la mer et le Sahara, reconnaissait notre autorité, à l'exception de la Kabylie et des quelques fractions du territoire que nous avons indiquées, et il ne s'agissait point d'une de ces reconnaissances d'autorité vagues et indéterminées comme il s'en était fait autrefois. La tribu, sous peine de punition, devait assurer la tranquillité sur son territoire, payer un impôt, et exécuter tous les ordres qui lui seraient donnés par l'intermédiaire d'un chef, cheikh, caïd ou agha, que nous placions à sa tête et qui recevait de nous l'investiture. Il n'est pas inutile de rappeler ici comment se sont faites les soumissions successives des peuplades algériennes, et quelle est la nature de l'engagement qui lie le vainqueur au vaincu.

Une tribu, harcelée par nos colonnes, demandait à se soumettre; on lui faisait part des conditions; si elle les trouvait trop dures, elle continuait la lutte jusqu'à ce qu'à la suite de nouveaux désastres, elle se décidât à accepter. Presque toujours les Arabes étaient condamnés à payer des amendes en argent ou en bétail; ils reconnaissaient pour chefs des hommes investis par nous, mais qui étaient, pour la plupart, les chefs anciens et habituels de la tribu; ils s'engageaient, de plus, à maintenir la sécurité sur leur territoire, à cesser toute relation avec l'ennemi, et à exécuter nos ordres pour tout ce qui intéressait la tranquillité et l'administration générale du pays.

De notre côté, nous promettions l'oubli du passé, nous nous interdisions de rechercher les fauteurs de désordres antérieurs à la soumission de la tribu, nous assurions aux indigènes le respect de leurs mœurs et de leur religion. Il ne faut pas l'oublier, c'était là la teneur de toutes les conventions partielles conclues par nos généraux et commandants de colonnes avec les tribus au moment de leur soumission. Elles n'auraient point accepté de se rendre à discrétion, et, en l'exigeant, nous nous condamnions à une guerre d'extermination incompatible avec le degré de civilisation auquel nous sommes arrivés. Aujourd'hui donc que bien des gens ont émis l'idée de nous assimiler, quand même, les indigènes de l'Algérie, il est bon de faire remarquer qu'en outre du danger toujours imminent qu'il y aurait à forcer des masses belliqueuses à changer leurs usages traditionnels, nous nous rendrions réellement coupables d'un manque de parole qu'on serait en droit de nous reprocher à tout jamais.

Pour obtenir rapidement les résultats que nous venons d'énumérer, le général Bugeaud, montrant l'exemple à ses généraux, leur avait enseigné à poursuivre partout les populations rebelles, et comme elles ne tenaient plus guère devant nos troupes et fuyaient en tout sens, il n'hésita pas à frapper les indigènes dans les seuls intérêts saisissables qu'ils possèdent ; ainsi, les récoltes sur pied, les plantations, les douars de tentes ou les villages dans les montagnes, les bestiaux, les silos, tout tombait entre nos mains ou devenait la proie des flammes.

C'était une rude nécessité ; mais on voulait la conquête, et, vis-à-vis des Arabes, il n'y avait pas d'autres moyens de l'assurer (1). Assez longtemps ils s'étaient joués de notre longanimité et de notre habitude de ne vouloir faire la guerre qu'aux groupes armés, ce qui nous faisait accomplir de pénibles excursions sans produire de résultats décisifs.

De plus, le gouverneur avait généralisé les mesures qu'il avait prises jadis pour l'expédition de la Sikkak, c'est-à-dire qu'il avait supprimé les canons traînés et les convois de prolonge. Les colonnes mobiles furent composées ainsi qu'il suit.

L'artillerie n'emmena plus en campagne d'autres engins que de petits obusiers de montagne portés à dos de mulets et organisés de manière qu'en quelques minutes ils étaient déchargés, posés sur leurs affûts et prêts à l'action, et, aussitôt que l'ordre en était donné, replacés de nouveau sur les bêtes de somme, qui reprenaient leur marche.

Les cavaliers montés sur des chevaux du pays avaient un harnachement aussi simplifié que possible, un vêtement fort allégé, le sabre et le fusil comme armement;

---

(1) Les razzias du maréchal duc d'Isly étaient conformes aux droits de la guerre, d'abord comme usitées et pratiquées de tout temps par les tribus arabes dans leurs hostilités entre elles, ensuite parce que la population entière, prenant part à la guerre, les biens particuliers se trouvaient compris dans les ressources appartenant à la force armée que l'on combattait, et, par conséquent, étaient susceptibles de devenir la proie du vainqueur aussi bien que le deviennent en Europe les magasins de l'ennemi.

ils ne portaient rien au delà du plus strict nécessaire, et celui-ci était déjà fort considérable pour une marche ordinaire. Toutefois, au moment de la charge, la cavalerie laissait sous la garde de l'infanterie tous ses impédiments, et elle se présentait au combat aussi allégée que possible, hommes et chevaux, et débarrassée de tous ces détails de harnachement, d'équipement, d'armement et d'habillement qui rendent en France nos cavaliers si lourds et si maladroits. Nous en parlerons plus longuement lors de la notice sur les généraux de cavalerie. Les indigènes à notre solde, les contingents des Arabes soumis, nous fournissaient, en outre, des cavaliers excellents pour les reconnaissances, les renseignements à prendre, l'escorte et la conduite des convois, etc.

Les approvisionnements de la colonne étaient portés, soit par des mulets appartenant à l'Etat et faisant partie du train des équipages, soit par des bêtes de somme des tribus louées pour un certain temps. Les blessés et les malades étaient transportés à dos de mulets dans des cacolets ou des litières.

Mais c'est surtout l'infanterie qui, composant à elle seule la majeure partie des troupes, avait besoin de modifications; elle en réalisa de très-importantes. Le fantassin avait autrefois en campagne un sac de campement; ce sac fut donné aux troupes décousu, c'est-à-dire sous la forme d'un simple morceau de toile. Trois ou quatre camarades, réunissant à chaque bivouac chacun leur fragment, en firent une tente à l'aide de ficelles et de deux bâtons pour supports. Le fantassin était ainsi assuré de son abri, qu'il portait avec lui; il n'était pas obligé d'attendre de longues heures que le convoi des bagages amenât les grandes tentes de seize hommes, lesquelles ne pouvaient même parfois être distribuées aux divers corps ou entraînaient des difficultés pour être montées. Le soldat d'infanterie dut aussi être plus certain d'avoir chaque jour ses vivres, et cependant exiger moins de moyens de transport. En conséquence, il ne porta plus aucun vêtement de rechange; avant de partir pour une expédition, il devait être muni de chaussures et d'habillements pouvant faire un bon usage. Le sac ne fut plus destiné qu'à contenir la trousse pour les petits ustensiles nécessaires à l'entretien des armes et à la réparation des effets, quatre paquets de cartouches et surtout des vivres. On ne sortait jamais sans que le fantassin portât au moins huit jours de vivres réglementaires en biscuit, riz, sel, sucre et café, et quelques jours de vivres d'ordinaire achetés avec les centimes versés à cet effet par les hommes, et qui se composaient de pain de soupe, légumes, supplément de riz, sel, poivre, sucre et café. Sur les huit jours d'aliments réglementaires, un sachet soigneusement cousu devait toujours en contenir quatre en réserve. Lorsque le troupier était sensé n'avoir plus d'autres vivres que ceux-là, on faisait des distributions nouvelles. La viande sur pied accompagnait la colonne.

Un convoi de mulets portait des approvisionnements de quoi faire des distributions à la troupe pendant dix ou quinze jours au plus (1). Si l'on était obligé de rester plus longtemps dehors, on recevait un convoi de ravitaillement ou bien l'on s'approchait d'un des postes-magasins établis sur divers points pour les besoins des colonnes.

Le fantassin avait, en outre, deux paquets de cartouches dans la giberne. Il portait, roulée sur le sac, la demi-couverture en été, la grande couverture en hiver. Par escouade de huit à dix hommes, il y avait trois ustensiles de cuisine : la gamelle, le bidon, la marmite, que les camarades se répartissaient chaque jour pour le transport. Chaque fantassin avait encore une petite

---

(1) On ne pouvait porter des vivres pour quinze jours que si les colonnes expéditionnaires étaient très-faibles ou que si on traversait des pays abondant en orge à l'époque de la moisson; car, en d'autres circonstances, l'approvisionnement du mulet à trois kilogrammes d'orge seulement par jour eût composé la moitié de son chargement et eût à peine suffi à soixante-quinze hommes pendant un jour, de sorte qu'en tenant compte des déchets, il eût fallu environ quatorze mulets pour mille hommes pendant un jour, ou deux cent vingt mulets pour le même nombre d'hommes pendant quinze jours, et l'on n'a jamais disposé d'une aussi grande quantité relative de bêtes de somme. Cependant, nous devons ajouter qu'on s'est parfois beaucoup rapproché de cette proportion, par le moyen des mulets de réquisition des Arabes, auxquels on ne donnait que peu ou point d'orge ; ou bien encore lorsque les généraux se décidaient à faire distribuer à leur troupe demi-ration de biscuit, ou du riz et de la viande en place de biscuit.

tasse en fer-blanc, un petit bidon de même métal, contenant un litre, porté en bandoulière et recouvert avec du drap. En humectant ce drap de temps en temps, on conservait l'eau assez fraîche.

Les soldats durent avoir des vêtements larges, la plupart du temps déboutonnés sur la poitrine. Le col fut supprimé et remplacé par la cravate en cotonnade, facile à laver. Le képy léger et mou devint la coiffure générale.

Les colonnes expéditionnaires comprenaient habituellement trois ou quatre bataillons d'infanterie, deux escadrons de cavalerie, deux obusiers de montagne et un convoi de bêtes de somme.

L'ordre de marche était presque toujours ainsi : la cavalerie, le gros de l'infanterie, l'artillerie, l'ambulance, le convoi, le troupeau et une solide arrière-garde. On campait en carré, l'infanterie sur les quatre faces, la cavalerie, l'artillerie, l'état-major et tous les bagages au centre, en dedans de l'infanterie. La nuit, des grand'gardes de surveillance étaient établies en avant des faces du carré. On partait, suivant la saison, de trois à six heures du matin ; toutes les heures, il y avait une halte de cinq minutes, pour la tête de la colonne, qui ne repartait que quand l'arrière-garde avait rejoint, et, à peu près à la moitié de la journée de marche, on faisait une grande halte d'une heure environ, que l'on appelait *le café,* parce que c'était la seule préparation que les troupiers eussent le temps de mener à bien. Dans les journées de marche ordinaires, on arrivait au bivouac à deux ou trois heures de l'après-midi. On abattait de suite la viande, et le soldat faisait cuire pour le soir la soupe et le bœuf. Le matin, avant le départ, il prenait le riz.

Lorsque, pendant la marche, il était besoin de pousser rapidement une pointe, il arrivait quelquefois que le commandant de la colonne laissait dans une bonne position tous les bagages et le convoi, sous la garde d'un ou de deux bataillons, et partait avec la cavalerie et le restant de l'infanterie, auquel il avait fait déposer les sacs au même endroit que les bagages. Le fantassin, qui n'avait plus à porter que son fusil, sa giberne et des paquets de cartouches dans la tente roulée en bandoulière, partait allègre et plein d'ardeur.

Dès la fin de 1842, avons-nous dit, des résultats vraiment extraordinaires avaient été obtenus : nous commencions à entrer pleinement dans notre rôle de dominateurs du pays. Au printemps de 1843, le gouverneur fut élevé à la dignité de maréchal, qu'il avait certes bien méritée. Abd-el-Kader se tenait dans le Sahara ou sur la frontière du Maroc ; là, il avait appelé à lui une partie des tribus de la province d'Oran, auxquelles il avait persuadé d'émigrer, leur faisant un cas de conscience de vivre sur le territoire dont le chrétien était maître, et il dirigeait de temps à autre quelques attaques sur les douars qui ne l'avaient point écouté. Mais il éprouva cette année même (1843) deux désastres importants : sa zmala lui fut enlevée par le duc d'Aumale à Taguin, au mois de mai, et ses derniers réguliers, commandés par Mohammed-ben-Allal-ben-Embarek, furent détruits à la journée de l'Oued-Malah, à la fin de l'automne. L'émir, après ces deux échecs, s'éloigna pour quelque temps du théâtre de la guerre, cherchant à trouver un appui solide au Maroc. Aussi, au commencement de 1844, le gouverneur crut-il le moment favorable pour essayer de châtier ces fiers Kabyles établis dans les montagnes qui s'étendent entre Dellys, le Djerdjera et Bougie. Le maréchal ne pouvait avoir la pensée de conquérir tout d'abord, dans une première expédition, le pâté entier ; il voulait seulement donner une leçon aux Flissas, qui s'étaient le plus fait remarquer par leurs hostilités et leurs déprédations au détriment des tribus soumises.

La Kabylie était un refuge assuré à nos ennemis ; parmi eux, Si-el-Djoudi, Ben-Salem, Kassem ou Kassi, étaient des chefs considérables qui excitaient sans cesse les populations contre nous. Cet asile laissé aux rebelles devait encourager les tentatives des fanatiques ou des ambitieux, qui, en cas de non succès, étaient certains de trouver un abri chez les montagnards du Djerdjera. C'est ainsi qu'on a vu plus tard s'y réfugier Bou-Sif, Si-Mohammed, Bou-Baghla et d'autres restés plus obscurs. Il y a de plus une autre raison qui devait naturellement nous entraîner à faire la conquête complète de l'Algérie dès le jour où nous avions soumis une partie des tribus, c'est que celles-ci, par le fait seul de leur soumission à notre autorité, étaient en butte aux attaques des groupes encore hostiles. Chaque jour, ces fractions de population venaient exposer leurs griefs et nous faire entendre que nous étions étroitement obligés de les prémunir contre le renouvellement de ces méfaits, sans quoi elles se verraient contraintes de céder aux exigences de voisins puissants et incommodes. Il était évident que nous devions faire tous nos efforts pour rassurer nos nouveaux sujets et les garantir autant que possible. Ce sont de ces raisons que l'on sent parfaitement en Algérie, mais qu'il est très-difficile de faire comprendre en France, à ce qu'il paraît, car on se montra toujours hostile aux projets que le maréchal Bugeaud émit plusieurs fois de commencer la conquête de la Kabylie. Fort heureusement, il se montra d'habitude peu soumis aux instructions qu'il recevait de Paris, sans quoi nos succès eussent été souvent compromis.

Au commencement de 1844, avons-nous dit, le maréchal voulut donner une leçon aux Flissas, et il la donna. Il avait prévenu ces Kabyles que si, à un jour déterminé, ils ne s'étaient point soumis à telles conditions imposées, ils seraient punis. Et, en effet, le maréchal n'hésita pas, au jour fixé, à entrer en Kabylie à la tête de sept ou huit mille hommes et à attaquer ces fameux Flissas jugés si redoutables. Après avoir surmonté de grandes difficultés de passage de rivières, de sentiers boueux, puis de terrains d'un périlleux accès, il fit incendier, malgré la résistance de l'ennemi, tous les villages qu'il rencontra et couper les arbres des vergers; puis, ayant occupé de nuit une position dominante sur les crêtes, il se trouva, au lever du jour, en position de lancer ses bataillons de toutes parts sur les Kabyles, qui, tournés, déconcertés et pourchassés avec une extrême vigueur, firent des pertes énormes. Ces opérations avaient eu lieu du 4 au 16 mai; le 25, le maréchal quittait Dellys, port de mer qui venait d'être occupé quelques jours auparavant, et se disposait à se rendre sur la frontière du Maroc, où les hostilités commençaient.

Nous avons énoncé, dans la notice précédente, que les travaux de la redoute que nous établissions sur l'emplacement de Lalla-Maghnïa nous avaient occasionné des protestations de la part des Marocains. A la suite de ces démarches, qui ne réussirent pas, les contingents ennemis ne cessèrent de se rassembler sur notre frontière. Le 30 mai, ils s'étaient crus assez forts pour attaquer la colonne de Lamoricière; mais ils avaient été repoussés. Les renseignements recueillis annonçaient néanmoins que des forces marocaines continuaient à s'amasser sur nos limites; on parlait de princes de la famille impériale pour les commander, et tout présageait une lutte importante.

Le maréchal vint avec des renforts se joindre aux troupes de Lamoricière; des ordres étaient donnés pour que d'autres colonnes vinssent aussi se réunir autour du gouverneur. En attendant, on essaya encore des négociations ; le général Bedeau, envoyé en parlementaire le 14 juin, ne réussit pas. On lui manqua même de respect, et, à la suite de la rupture de l'entrevue, il fallut faire une démonstration pour dégager l'escorte du général et prendre l'offensive sur les groupes marocains devenus trop insolents. Huit bataillons en échelons s'avancèrent fièrement contre les masses de cavalerie arabe et les jetèrent dans le plus grand désordre ; nos cavaliers purent à leur tour charger, et les spahis firent un trophée de cadavres.

De nouvelles tentatives furent encore faites par le maréchal pour régler les affaires à l'amiable ; il fit proposer un arrangement au chef marocain Si-el-Guennaoui, et celui-ci répondit à la manière arabe, c'est-à-dire sans rien préciser. Les hostilités reprirent. Le 19 juin, nous occupions, sans coup férir, la petite ville d'Ouchda, bourgade marocaine située sur la ligne frontière, entourée de vergers très-fourrés, où la colonne put se reposer à l'ombre fraîche des arbres. De Lalla-Maghnïa à Ouchda et d'Ouchda à l'Ouest, en se dirigeant vers l'intérieur du Maroc, le pays est une immense plaine découverte, accidentée seulement de petits mouvements de terrain de peu d'importance. Nous nous attendions à avoir affaire à des masses considérables de cavaliers, et plusieurs engagements partiels nous confirmèrent dans cette pensée, notamment le 4 et le 13 juillet, et au commencement d'août. Dans une de ces journées de combat, nous vîmes au loin Abd-el-Kader, au milieu de ses étendards, assister un moment à la défaite des Marocains et disparaître presque aussitôt à l'horizon. Le fils de Mahi-ed-Din se tint, du reste, aux environs pendant toute la campagne, guettant les événements et désirant alternativement, soit notre défaite pour soulever les tribus algériennes, soit la déroute des Marocains pour profiter des mécontements de la population mogrebine, se créer des partisans et prétendre au commandement d'une partie, sinon de l'empire entier d'Abd-er-Rahman.

Déjà depuis longtemps nous attendions dans cette triste plaine d'Ouchda. Le maréchal ne voulait pas attaquer le camp marocain avant que celui-ci se fût grossi de tous les secours qu'il pouvait espérer réunir. Ici, nous devons exposer une des théories favorites du maréchal. Il soutenait que, plus les masses indisciplinées étaient nombreuses, plus il était facile de les battre, et plus leur défaite avait d'importance. Il faut toutefois que l'armée régulière qui doit les vaincre ait un nombre de combattants au-dessous duquel on ne peut descendre, quinze à vingt mille, par exemple. Avec une armée française s'élevant à ce chiffre, le maréchal défiait les masses indisciplinées, quelque nombreuses qu'elles fussent. Son raisonnement était assez concluant : « Un homme de courage et bien doué pour le commandement, disait-il, peut, à la rigueur et momentanément, entraîner et diriger trois ou quatre cents cavaliers indisciplinés, et il y aurait plus à craindre de quelques groupes de ce genre, menés par des chefs vigoureux, que des masses nombreuses et sans organisation. Mais, au milieu de ces dernières, dès que l'action commence, il y a un tel désordre, un tel désarroi ; les efforts des fractions diverses sont tellement contrariés les uns par les autres, que les cris, les disputes partielles, les invectives, deviennent aussitôt l'occupation principale. C'est à peine si quelques isolés peuvent s'échapper de la masse tourbillonnante et venir engager un combat personnel. Que l'action de l'ennemi se fasse sentir, que des morts commencent à tomber parmi ces masses indisciplinées, et elles subissent rapidement une déroute effroyable ; ce qu'elles ont de mieux à faire alors est de fuir au plus vite. » Aussi, les exemples fameux légués par l'histoire, de petites armées régulières battant des masses énormes d'indisciplinés, n'étonnaient-ils nullement le maréchal. Dans le cas présent, il ne voulait attaquer que lorsque les Marocains seraient aussi nombreux que possible. Certes, il fallait une audace exceptionnelle, une rare énergie de conviction, pour mettre ainsi en pratique une théorie séduisante dans la discussion, mais qui déconcertera toujours les chefs les plus solides une fois qu'il s'agira de la faire passer dans le domaine des faits. Commander une armée de dix mille hommes, avoir vingt mille ennemis devant soi et vouloir attendre qu'ils soient quarante mille et plus, si c'est possible, avant d'attaquer, est un fait fort rare dans l'histoire militaire, si même, ce que nous mettons en doute, il en existe plusieurs exemples.

L'audace du maréchal Bugeaud paraît plus grande encore lorsque l'on se rappelle les circonstances locales au milieu desquelles il se trouvait sur la frontière. Les indigènes de la province d'Oran conservaient depuis plusieurs siècles une très-grande crainte des Marocains, en raison des incursions dévastatrices de ces derniers. Lors donc qu'il fut certain que nous étions en guerre avec les sujets d'Abd-er-Rahman, les Arabes de notre province occidentale en furent vivement agités : les uns redoutaient les succès des Marocains et se disposaient à se soumettre à eux aussitôt qu'ils paraîtraient pour éviter tout châtiment de leur part ; les autres, par animosité contre le chrétien conquérant, attendaient notre première défaite pour se soulever et se joindre aux troupes de Fez. Plus on patientait, plus les mauvaises dispositions des tribus s'exagéraient, et le moindre échec de notre part devait certainement être suivi d'une destruction complète de notre petit corps d'armée, entouré de toutes parts de populations hostiles. Une insurrection générale en Algérie en était la conséquence, et la conquête toute récente était remise en jeu. Le maréchal Bugeaud, cependant, persistait dans sa résolution, et nous atteignîmes ainsi le milieu du mois d'août. Enfin, le 12 août, quelques troupes de renfort nous ayant rejoint, et les renseignements indiquant que l'armée marocaine était au grand complet, la bataille fut résolue. Le soir même, dans une grande réunion d'officiers, le maréchal en donna le plan et en expliqua d'avance toutes les péripéties avec une assurance admirable. C'était, du reste, l'habitude du gouverneur de toujours réunir les corps d'officiers et de leur exposer ses idées au début d'une expédition ou à la veille d'un combat sérieux. Je vis pour la première fois le conquérant de l'Algérie dans cette même campagne du Maroc : il était grand et de constitution vigoureuse ; il avait le front haut et découvert, les cheveux très-blancs, le visage sans un poil de barbe. Ses yeux étaient surtout remarquables : on n'apercevait ni sourcils, ni cils, mais seulement deux prunelles brunes, fixes et brillantes, qui produisaient un effet singulier que l'on ne pouvait oublier. On les a comparés à ceux du lynx ; je ne pourrais affirmer la ressemblance, attendu que je n'ai jamais eu l'occasion de croiser mon regard avec celui de ce dernier animal. Ajoutons que le maréchal avait la voix très-forte, ce qui est souvent utile dans la vie militaire.

Le 13 août, l'armée simula un grand fourrage et fit en réalité une répétition de la bataille qui devait avoir lieu le lendemain. Les échelons furent formés par bataillon, la marche eut lieu dans l'ordre qui devait être observé pour le combat, chacun sut parfaitement ce qu'il aurait à faire. On marcha ensuite en avant pendant une partie de la nuit, puis on fit une halte, mais sans tracer de camp, chacun devant rester à la place qu'il occupait au commandement de: *Halte!* Il nous arriva dans cette occasion un accident dont les suites auraient pu être très-graves. Les fantassins dormaient à terre, le fusil entre les jambes; un de ces fusils se déchargea, et les soldats les plus proches, réveillés en sursaut, crièrent: *Aux armes!* La nuit, on entend tous les bruits à une grande distance, surtout lorsque l'on est couché sur le sol; à ce moment même rentrait une reconnaissance composée de cavaliers indigènes : tout le monde put donc percevoir le tintement métallique de l'éperon sur le large étrier arabe, auquel on reconnaît les cavaliers musulmans. Le coup de fusil, le cri: *Aux armes!* le son des étriers se produisant en même temps, tous les hommes furent aussitôt éveillés et sur pied, croyant à une attaque de nuit, et prêts à faire feu, ainsi qu'il arrive habituellement dans un premier moment de surprise. Heureusement, ce malheur put être évité, et les chefs annoncèrent qu'il y avait une arme déchargée par hasard et un détachement de spahis qui avait fait un mouvement.

Un peu avant le jour, la colonne continua sa marche, et, quelques heures après, on commença à apercevoir au loin le camp marocain. Il était parfaitement installé sur une série de petits mamelons dominant toute la plaine. On distinguait au centre une masse énorme qui paraissait une redoute; il allait falloir l'enlever d'assaut, et les Marocains avaient du canon, nous le savions, car chaque soir ils annonçaient la prière par une détonation. Nous voyions en perspective une belle et rude affaire. Cependant nous avancions toujours; l'Isly fut passé à gué, puis le vieux maréchal, tirant l'épée, commanda de sa voix retentissante la manœuvre qu'il nous avait fait exécuter la veille. Le feu avait déjà commencé, et la commotion belliqueuse qui parcourt les rangs au moment où va se livrer le combat s'était aussitôt produite.

Les bataillons se disposèrent par échelons, prêts à former le carré isolément et de manière à dessiner tous ensemble ce que l'on a appelé *la tête de porc*. La cavalerie était à l'intérieur sur deux colonnes, attendant l'instant de sortir par les intervalles des échelons et de charger. L'artillerie était répartie sur divers points pour faire feu entre les échelons; comme on ne devait agir qu'en plaine et faire de petites marches, le maréchal s'était décidé à emmener quelques pièces de douze traînées. On marcha lentement, mais sans hésitation, et en se dirigeant sur cette éminence qui nous avait semblé de loin une redoute, et qui n'était autre chose que l'immense tente du général marocain, le prince impérial Si-Mohammed, entourée à une certaine distance d'une sorte d'enceinte en toile d'une hauteur de trois mètres environ, entre laquelle et la tente même du chef se trouvaient tous les petits compartiments destinés aux familiers et serviteurs du fils du sultan de Fez.

Pendant que nos petits fantassins poursuivaient leur marche, que faisaient de leur côté les Marocains? Ils avaient vu de loin, et du haut de leurs mamelons, notre armée au costume sombre s'avancer dans la plaine. Ils nous comparèrent aussitôt à une traînée de fourmis, et, pleins de mépris pour nos bataillons, les cavaliers de l'entourage du prince disaient ironiquement de nous : « Les insensés ! ils n'hésitent pas à ve-
« nir !... Voyez donc cette poignée de Roumis, il n'en
« échappera pas un ; laissons-les approcher encore un
« peu... Ils n'oseront sans doute pas passer la rivière. »
Mais l'Isly fut passé, et la marche continua, malgré les coups de fusil de quelques cavaliers impatients. Comment ! voilà l'avant-garde chrétienne qui est près du camp ! son canon a déjà fait des ravages, à cheval tout le monde, sus aux Roumis de tous côtés. Et la garde nègre, troupe d'élite de l'empire, et les cavaliers si bien montés des tribus sahariennes, et les fantassins des montagnes, et les canons servis par les renégats espagnols de commencer leur action. Les Marocains avaient enfin compris que l'attaque était très-sérieuse, et ils étaient brusquement passés de la plus complète sécurité à l'inquiétude la plus manifeste ; c'est ce qui explique pourquoi nous trouvâmes, en entrant dans les tentes ennemies, des tasses de thé ou de café à moitié pleines encore, des pipes à moitié fumées, des parties d'accoutrement indispensables laissées de côté, jusqu'à des bourses oubliées. « Coupez la tête aux soldats et

amenez-moi les chefs enchaînés, » avait dit Si-Mohammed. On lui rapporta le conseil de fuir au plus tôt, car les cavaliers des chrétiens approchaient du camp, et leur artillerie faisait déjà des victimes autour des tentes.

Les Marocains, au nombre d'au moins quarante mille hommes, s'étaient développés tout autour de notre petite troupe de dix mille combattants, et les plus hardis se lançaient au galop pour essayer de passer dans les intervalles des échelons et de venir au centre de l'armée porter le désordre et la mort; mais, lorsqu'ils arrivaient dans l'angle rentrant des échelons formés en carré, ils recevaient du feu de toutes parts, et, la tête perdue, ceux qui n'étaient pas frappés retournaient plus vite qu'ils n'étaient venus. De nouveaux assaillants cherchaient à faire mieux, et, lorsqu'ils étaient suffisamment nombreux et audacieux, notre artillerie arrivait de son côté pour aider à la besogne de l'infanterie, et l'ennemi était repoussé encore une fois.

On put alors se convaincre de la vérité des idées du maréchal. Dès que les Marocains eurent éprouvé quelques pertes et que les chefs, mécontents, eurent commencé à se chicaner, un désordre effrayant se mit dans leur armée; les attaques ne furent plus que des tentatives partielles désormais peu sérieuses. Nous eûmes ainsi en spectacle quelques beaux cavaliers parfaitement montés, qui venaient, en poussant des cris affreux, se faire tuer près de nos rangs. J'en remarquai un, pour ma part, qui portait un étendard jaune et qui parada pendant plus d'un quart d'heure à proximité du bataillon dont je faisais partie. Bien des balles lui furent en vain adressées, et l'on commençait à s'intéresser à lui, lorsqu'il tomba pour ne plus se relever.

Dès que le moment avait paru propice au maréchal, il avait lancé sa cavalerie, les chasseurs sous la direction du colonel Morris, les spahis sous le commandement de Yusuf. Les chasseurs étaient tombés sur des masses de fantassins qu'ils sabraient bravement, mais qui devenaient inquiétants par leur nombre, lorsque notre infanterie et notre artillerie approchèrent à propos. Quant aux spahis, ils avaient balayé la plaine, fait des prisonniers, saisi le parasol et accompli également une rude besogne; mais, au premier moment, le maréchal avait espéré mieux. Il avait indiqué au loin un col sur lequel se dirigeaient un nombreux convoi et un gros de fuyards : il voulait que la cavalerie de Yusuf se portât au plus vite à ce col et nous ramenât tout ce qui était resté en dedans. Mais la distance était sans doute trop considérable, les mouvements de terrain plus accidentés qu'ils ne le paraissaient de haut et de loin ; on dut laisser échapper l'armée battue de Si-Mohammed. Les restes de ces troupes vaincues ne furent, du reste, pas épargnés longtemps : les Kabyles des montagnes voisines, qui assistaient à la lutte du haut de leurs rochers pour tomber sur le parti qui aurait le dessous, attaquèrent les soldats d'Abd-er-

Rahman repoussés à Isly et mirent leurs bagages au pillage (1).

Le lendemain, lorsqu'on s'occupa de réunir les cadavres de l'ennemi, on en compta à peu près huit cents ; un grand nombre avaient sans doute été emportés du champ de bataille, suivant l'usage arabe ; quant aux blessés, ils durent être en quantité cinq ou six fois plus considérable. Un millier de tentes fort belles restèrent en notre pouvoir, à peu près autant de bêtes de somme, ainsi que la tente du fils de l'empereur et son parasol,

---

(1) A propos de la campagne d'Isly, nous trouvons dans un ordre du jour que le général Martimprey a adressé, à Alger, aux troupes qui partaient pour la frontière du Maroc, les réflexions suivantes, que nous sommes heureux de citer :

« J'étais à Isly et j'ai présentes les leçons que cette campagne nous a fournies.

« Vos frères d'armes d'alors se distinguaient par l'ordre qui régnait dans leurs rangs, aussi bien dans les marches que dans les attaques.

« L'élan appartenait aux nombreux tirailleurs et derrière eux marchaient des bataillons solides et irrésistibles.

« Qu'aujourd'hui il en soit ainsi.

« Je blâmerais, dans les chefs comme dans les soldats, une fougue intempestive qui, nous amenant en désordre devant les positions à conquérir, nous ferait heurter de front et prématurément les obstacles, et entraînerait le sacrifice des plus vaillants.

« Au contraire, en faisant concourir au même but le feu de l'artillerie et les mouvements tournants, on arrive quelques instants plus tard à triompher sûrement des obstacles, en épargnant un sang précieux.»

signe du commandement, plus douze à quinze pièces d'artillerie, dont plusieurs mortiers, que l'on destinait sans doute au bombardement de Tlemcen, d'Oran, etc., une grande quantité de boulets, et, chose presque incroyable, un immense monceau de chaînes, destinées, nous fut-il affirmé plus tard, à lier les officiers français, qui devaient être conduits en triomphe à Fez. Les canons avaient été peu utiles aux Marocains ; ils avaient été pris presque aussitôt qu'aperçus par notre cavalerie, qui sabra les artilleurs sur leurs pièces. Ceux-ci étaient, dit-on, attachés à leur canon par des chaînes, et on reconnut parmi eux des Européens, renégats à la solde d'Abd-er-Rahman.

De leur côté, les prisonniers marocains que nous fîmes parurent fort étonnés de voir nos soldats marcher librement et isolément. En voyant de loin nos pelotons alignés conserver à peu près leur ordonnance, malgré le feu de l'ennemi, on s'était persuadé dans l'armée de Si-Mohammed que nos fantassins étaient liés les uns aux autres par le bras. Ce lien existe, il est vrai, mais il est tout moral et non matériel. C'est la discipline, qui rend si fortes les armées organisées.

On campa le jour même au milieu des tentes marocaines, des salves d'artillerie annoncèrent au loin notre victoire. Ce beau succès nous avait à peine coûté cen hommes, tant tués que blessés. Les prévisions du maréchal s'étaient en tout réalisées. Une belle journée était ajoutée à nos fastes militaires ; une grande puissance musulmane était battue; nous avions prouvé aux indigènes algériens que les Marocains, si redoutés d'eux, ne pouvaient nous résister; la conquête africaine était affermie, et notre armée entourée, en Algérie, d'un nouveau prestige.

Le bulletin publié a donné tous les détails concernant les corps de troupes qui prirent part à la bataille, et les chefs qui les dirigeaient. Les principaux parmi ces derniers étaient les généraux Lamoricière et Bedeau, les colonels Pélissier, Morris, Yusuf, Gachot et Cavaignac du 32ᵉ de ligne, qu'il ne faut pas confondre, ainsi que l'ont fait la plupart des narrateurs et biographes avec le Cavaignac des zouaves, qui devint chef du pouvoir exécutif en 1848. Le maréchal fut récompensé par le brevet de duc d'Isly, distinction à laquelle il tenait peu, car il ne voulut jamais, dit-on, acquitter les frais nécessaires à la délivrance régulière de son titre. Bugeaud était avant tout plébéien; il s'entretenait volontiers avec le soldat, le colon, le paysan; il se mettait à leur niveau, causait familièrement avec eux, s'occupait avec instance de leur bien-être, cherchait à répandre parmi eux quelques idées saines et utiles, et cependant il était en haine aux organes de la presse populaire. D'autres généraux, au contraire, de mœurs et d'opinions tout aristocratiques, étaient présentés par les journaux libéraux comme beaucoup plus amis du peuple. M. A. Ponroy, dans son travail sur le maréchal Bugeaud, a émis, à ce point de vue, des idées à la majeure partie desquelles je m'associe de grand cœur (1).

Les journaux, ennemis déclarés du vainqueur d'Isly, ne pouvaient se décider à rendre justice à cet homme de guerre si remarquable. Ils n'eurent pas plutôt en main le bulletin de la bataille, qu'ils s'écrièrent que Bugeaud ne savait point profiter du succès, qu'il était un capitaine bien incomplet. Selon eux, le maréchal devait, après la bataille d'Isly, marcher sur Fez et le prendre. Or, pour juger de l'opportunité de ce beau plan tracé à Paris, il est bon de rappeler ce qui suit. Il y avait en avant de nous, pour marcher sur Fez, une plaine d'au moins vingt lieues d'étendue (2), dans laquelle, selon les renseignements recueillis, on ne pouvait trouver d'eau. Il eût donc fallu appuyer à droite ou à gauche du côté des montagnes ; mais là, les populations hostiles défendant des positions difficiles, devaient nous occuper longtemps à guerroyer, et bien des incidents ne pouvaient manquer de se produire qui nous eussent forcés à perdre de vue le but de la mar-

---

(1) Bon, noble cœur, généreux, brave à l'excès, le maréchal duc d'Isly appréciait les beaux sentiments et le courage dans quelque cœur qu'il les rencontrât, sans se soucier des castes.

(2) Fez était à huit journées de marche au moins du champ de bataille d'Isly, et l'on n'était nullement organisé pour pousser une pointe aussi longue devant aboutir, loin de toutes ressources assurées, à une ville de plus de cent mille âmes entourée de murs. Le gouvernement, d'ailleurs, n'avait point autorisé le maréchal à porter la guerre jusqu'à la capitale du Maroc.

che, la prise de Fez. Ces retards eussent nécessairement laissé aux Marocains tout le temps d'organiser la défense de leur ville principale. Mais ce n'est pas tout ; il y a un autre détail bien plus important à mettre en relief. Jusqu'au jour de la bataille, et malgré l'extrême chaleur, les troupes, bien qu'en campagne depuis quatre ou cinq mois, s'étaient conservées en assez bonne santé, grâce sans doute au stimulant de la grande victoire à remporter ; mais dès le lendemain de la journée d'Isly, les maladies commencèrent à se déclarer. Il y eut, dans l'espace de quelques jours, plusieurs convois de cinq cents malades environ à évacuer sur Lalla-Maghnïa. A ce compte, les dix mille hommes d'Isly devaient être bientôt fondus ; le vieux maréchal s'était, un matin, écrié mécontent, en assistant à la visite des médecins : « Qu'est-ce que c'est qu'une armée qui s'en va toute à l'hôpital. » Puis, faisant réflexion, il ajouta à voix plus basse : « Quand il n'y a plus d'huile dans la lampe, il faut bien qu'elle s'éteigne ; nous rentrerons au plus tôt. » C'est ce qui eut heureusement lieu.

Pendant la fin de l'année 1844 et jusqu'au mois de septembre 1845, l'Algérie fut assez tranquille. Abd-el-Kader rôdait constamment, soit au Sud, soit sur la frontière du Maroc, sans pouvoir réussir à faire une trouée et déterminer une insurrection, lorsqu'au milieu du mois de septembre, quelques jours après le départ du maréchal pour la France, divers accidents survenus coup sur coup donnèrent beau jeu à notre ennemi, et remirent encore tout en question dans la province d'Oran. Le chef du bureau arabe et le commandant supérieur de Sebdou avaient été assassinés avec leur escorte ; vers le 21 ou le 22, pour l'intronisation du ramadan, le 8ᵉ bataillon de chasseurs était détruit à Sidi-Brahim ; la redoute de Lalla-Maghnïa était bloquée. Le 23, le 9ᵉ chasseurs à pied et le 2ᵉ chasseurs d'Afrique livraient à Tiphour, chez les Flittas (subdivision de Mostaganem), un combat terrible contre les populations soulevées par Bou-Maza. Mettant à profit ces circonstances, Abd-el-Kader, à quelques jours de là (le 27), faisait rendre les armes à un détachement isolé se rendant de Tlemcen à Oran, et il parcourait au galop la province occidentale pour remuer les tribus. Le maréchal revint en toute hâte. Déjà l'insurrection avait été battue du côté d'Oran, et Abd-el-Kader s'était décidé à poursuivre ses tentatives dans le Dahra, chez les Flittas, sur la Mina, dans l'Ouarensenis, et au sud de la province d'Alger. Des colonnes furent mises sur pied de divers côtés, le maréchal lui-même ne cessa de manœuvrer dans les pays que nous venons d'indiquer, jusqu'au commencement de l'année 1846. A la fin de décembre 1845, le général Yusuf, envoyé en avant avec la cavalerie sur les traces d'Abd-el-Kader, avait réussi à lui faire éprouver une défaite à Tamda, à la suite d'une marche excessivement longue et fatigante. L'émir, toutefois, ne se laissa pas encore décourager, et il alla porter la révolte dans l'Ouennougha (février 1846), entre Médéa et Sétif; le maréchal le suivit là encore et le chassa. Mais notre colonne étant rentrée à Alger, Abd-el-Kader reparut avec une rapidité foudroyante, châtia avec une cruauté hideuse une tribu peu éloignée d'Alger même, et répandit une grande inquiétude dans toute la Mitidja. Ce ne fut là cependant qu'une apparition de quelques jours; nos colonnes se remettaient en marche avec une grande activité, et l'émir, ayant éprouvé un premier échec entre Alger et Dellys, en cheminant, sans s'en douter, à proximité d'un corps de troupes qui prit résolument l'offensive, se dirigea au plus vite vers le Sud. Là encore, il fut surpris par le colonel Camou, puis par le général Yusuf, qui le poursuivit à outrance pendant plusieurs mois au milieu des immenses steppes du Sahara. La fin de l'année 1846 s'écoula sans événements remarquables. Bou-Maza, qui eut un moment beaucoup d'éclat, avait vainement essayé de guerroyer dans le sud des provinces d'Alger et de Constantine. Chassé de partout, il était venu, au commencement de 1847, se remettre entre les mains du colonel Saint-Arnaud, à Orléansville, chef-lieu du pays qui avait vu ses premiers exploits.

Sur ces entrefaites, le poste d'Aumale était fondé au sud du Djerdjera, et cette entreprise indiquait que l'on se disposait à resserrer dans des limites de plus en plus étroites le territoire insoumis des Kabyles. Le moment semblait venu d'en finir avec ces fractions de montagnards qui méconnaissaient encore notre autorité. Le restant de l'Algérie était tranquille; les Kabyles seuls continuaient leurs actes d'hostilité contre nos tribus, donnaient refuge aux voleurs et à leurs prises, aux assassins, aux fauteurs de troubles, aux faux chérifs à bout de ressources. Cette situation ne pouvait être tolérée plus longtemps sans compromettre notre autorité morale dans le pays, et les circonstances étaient, du reste, propices pour compléter la conquête. L'armée avait encore un effectif nombreux; elle était faite à la guerre d'Afrique et suffisamment reposée; le maréchal Bugeaud la commandait encore, tout semblait inviter le gouvernement à profiter de l'opportunité. Il n'en fut pas ainsi : de Paris, on n'a jamais bien su diriger les affaires d'Afrique, et surtout à cette époque; les intrigues parlementaires déjouaient les plans les mieux conçus; non-seulement on déniait au maréchal les services rendus, mais on voulait l'empêcher d'en rendre de nouveaux. Heureusement, le gouverneur était assez bien trempé de caractère pour passer outre; sa désobéissance à un pouvoir faible et ignorant lui avait déjà réussi plusieurs fois; elle eut encore, au printemps de 1847, un plein succès.

Le maréchal se proposait d'aller, à la tête d'une colonne, d'Alger à Bougie, en contournant le Djerdjera et suivant la rivière de Bougie. Il livrerait, à droite et à gauche, les combats qui lui paraîtraient nécessaires pour châtier certaines populations, et se ferait aider par une forte colonne que le général Bedeau devait amener de Constantine, avec mission d'opérer une diversion sur la partie orientale des tribus que le maréchal devait inquiéter à l'ouest. On comptait d'avance sur un gros combat chez les Beni-Abbès, tribu très-forte située entre la rivière de Bougie et Sétif, et sur une seconde affaire au défilé de Fellaye, point où la rivière est resserrée entre des montagnes assez rapprochées. Le maréchal pensait toutefois qu'un premier combat vigoureux et décisif nous éviterait le second, et c'est ce qui arriva, en effet.

Nous avons rappelé que les circonstances les plus favorables se présentaient pour une campagne en Kabylie, et nous avons omis de citer parmi elles une des plus importantes. L'ex-khalifa Ben-Salem et le Kabyle Kassem-ou-Kassi, les deux chefs qui tenaient constamment les Kabyles en état d'insurrection contre nous, avaient fait leur soumission à la France, ils s'étaient rendus à Alger. Ben-Salem avait demandé à se retirer de la politique, mais son frère avait reçu un commandement; Kassem-ou-Kassi avait été investi de l'autorité régulière sur les tribus que jusqu'à ce jour il avait dirigées à sa guise. Disons, en passant, que Kassem-ou-Kassi, qui s'était montré jusque-là guerrier redoutable, devint aussitôt un administrateur intelligent, habile, très-dévoué aux intérêts généraux du pays, qui fit l'étonnement des chefs français chargés de le diriger et de le surveiller.

Le **6 mai**, le maréchal partait d'Alger avec huit mille

hommes, malgré la désapprobation du gouvernement. Le 13 ou le 14, avant d'entrer dans la région où l'on devait s'attendre à de la résistance, le *pays de la poudre*, comme disent les Arabes, le maréchal rassembla les officiers du corps d'armée, ainsi qu'il avait l'habitude de le faire, exposa le plan de campagne et rappela les principes qu'il avait établis lui-même pour la guerre de montagnes. Il venait cependant de recevoir, dit-on, un ordre formel de renoncer à son entreprise ou de se voir seul responsable des conséquences que pourrait avoir l'expédition. Le maréchal continua sa marche, plein d'amertume et de dégoût vis-à-vis du gouvernement, mais toujours le même pour sa troupe. Empressé de veiller au bien-être du soldat, il avait soin de ne lui faire faire, sauf les exigences de guerre, que de petites journées de marche, de lui choisir de bons bivouacs, à l'ombre des arbres, s'il était possible, à proximité d'une eau bonne et abondante; de lui assurer des ravitaillements en temps opportun et de lui éviter toutes tracasseries inutiles. J'entendis quelquefois, pendant cette campagne, murmurer dans les rangs, lorsqu'un chef de bataillon ou un colonel se montrait difficile dans la rectification de l'alignement, avant d'ordonner de former les faisceaux et de poser les sacs à terre, les mots suivants : « Attends, attends, si le père Bugeaud te voit, tu vas avoir ton affaire! » Le maréchal s'était, en effet, déjà fâché plusieurs fois contre des officiers supérieurs qui, trop pénétrés des principes de la théorie et pas

assez des souffrances de leurs troupiers, perdaient un temps précieux à faire avancer ou reculer des pelotons de un ou de deux centimètres. Il en avait même admonesté quelques-uns au grand contentement des soldats:
« Qu'est-ce que fait ce commandant là-bas? Je me f...
« pas mal de vos alignements; faites reposer vos
« hommes, sac à terre... »

Le 15 au soir, la colonne bivouaquait sur la rive gauche de la rivière qui se perd près de Bougie; elle se trouvait vis-à-vis des Beni-Abbès, dont les villages sont situés sur les hauteurs, dans les montagnes de la rive droite. Au milieu de la nuit, une fusillade épouvantable dirigée sur le camp, ce que les Kabyles appellent une *taraka,* vint éveiller nos soldats. Un ordre prononcé à haute voix prescrivit de ne pas se lever, les hommes couchés devant être moins facilement atteints et les grand'gardes ayant les instructions nécessaires pour repousser l'ennemi. Mais la fusillade continuant, le vieux maréchal ne pouvait se contenir, il voulait absolument que l'on marchât de nuit sur les positions kabyles. Les officiers de son entourage parvinrent cependant à lui faire prendre patience en rappelant que l'on avait une rivière à traverser, des montagnes difficiles et pas encore reconnues à gravir, et que l'on s'exposait à compromettre, par trop de précipitation, un succès qui était assuré si l'on attendait le jour. Le gouverneur se rendit à ces raisons; mais un peu avant les premières lueurs de l'aurore, il s'empressa de faire sonner le départ.

Les bagages et les sacs de l'infanterie furent placés sur une bonne position, que durent garder trois bataillons, et le reste de la colonne gravit lestement les premiers mamelons. Le maréchal dirigea les diverses fractions de troupes avec son coup d'œil habituel, et le succès se décida assez facilement pour nous jusqu'au moment de l'attaque du dernier village, Azrou, le plus élevé et le mieux défendu, parce qu'il servait de refuge à la plupart des habitants des premiers villages enlevés. La résistance fut opiniâtre et fit grand honneur aux Kabyles; mais enfin nos soldats finirent par entrer victorieux dans la petite cité, et les représentants des Beni-Abbès demandèrent à se soumettre. Dès le lendemain, les députés des fractions battues la veille vinrent à notre camp, et l'organisation du pays fut réglée en leur présence. Des cheikhs pris parmi les plus aptes, et désignés, du reste, par l'opinion publique, furent investis, les conditions de la soumission expliquées et acceptées.

Ainsi que l'avait pensé le maréchal, il n'y eut plus aucun rassemblement hostile sur notre route, même au défilé de Fellaye, facile à défendre et qui avait dû fortement tenter l'esprit d'indépendance des Kabyles. Je me rappelle que le maréchal profita du passage dans ce défilé pour poser des questions aux officiers supérieurs qui l'entouraient; la discussion était on ne peut plus instructive. J'eus, du reste, pendant cette expédition, plusieurs fois l'honneur d'approcher le duc d'Isly; dans chacune de ces circonstances, je l'entendis exposer des idées sur la guerre avec une sûreté d'appréciation, une lucidité d'exposition dont l'impression est encore toute vive dans ma mémoire.

Le 20 mai, la colonne arrivait à Bougie, et le général Bedeau, qui avait, à la tête de sept à huit mille hommes, battu diverses tribus récalcitrantes, nous rejoignit le 21.

Le maréchal avait encore mené à bien cette excursion importante; mais ce devait être sa dernière entreprise en Algérie. Profondément froissé du mauvais vouloir qu'on lui témoignait à Paris, il fit ses adieux à l'armée à Bougie même, où il s'embarqua, en déclarant que son rôle était fini et qu'il ne reviendrait plus en Afrique.

L'armée expéditionnaire partie d'Alger y revint sans être inquiétée et par la même voie qu'elle avait déjà suivie. Quelque temps après, le duc d'Aumale fut nommé gouverneur, et, à la fin de la même année 1847, Abd-el-Kader, à bout de ressources, se rendait entre les mains de Lamoricière. L'époque de lutte générale était passée; il ne restait plus qu'à compléter la soumission des Zouaoua du Djerjera et à étendre notre domination au sud. Dès 1843, le général Marey-Monge avait fait une heureuse excursion à Laghouat et à Aîn-Madhy; notre suzeraineté avait été reconnue dans cette partie du Sahara algérien, et chaque année devait amener dans ces immenses steppes une nouvelle extension de notre autorité.

Le maréchal Bugeaud a non-seulement créé et vulgarisé la manière de faire la guerre en Afrique, à tel point qu'aujourd'hui le dernier capitaine qui a fait quelques campagnes dans notre colonie est apte à y conduire une opération militaire quelconque, mais il a fondé l'administration des indigènes des tribus. Dès 1844, il avait développé l'institution des bureaux arabes et décidé qu'il y aurait un de ces bureaux dans chaque cercle militaire. Nous en parlerons plus longuement dans la notice sur le général Daumas et les affaires arabes; rappelons seulement en ce moment, à la grande gloire du maréchal Bugeaud, que ses procédés vis-à-vis des indigènes soumis furent toujours d'une bienveillance extrême. Il a adressé à ce sujet à ses lieutenants des circulaires que nous voudrions reproduire textuellement, tant elles reflètent de sentiments généreux et humains. Il s'indignait parfois d'apprendre que, dans Alger même, des Européens se permettaient, en passant dans les rues, de donner des coups de bâton aux Arabes du dehors venus par hasard dans la capitale algérienne, et il rappelait avec raison qu'un coup de canne administré dans Alger à un Arabe, c'était une tête chrétienne de plus coupée dans la Mitidja.

Le maréchal Bugeaud s'est occupé sérieusement de la colonisation algérienne. Lui qui avait passé quinze années successives de sa vie à faire avec ardeur de l'agriculture intelligente, et qui avait pris pour devise : *Ense et aratro*, semblait plus que tout autre apte à cette double mission de conquérant et de colonisateur. Ses idées sur la manière de coloniser furent cependant très vivement combattues. Voici, en résumé, en quoi elles consistaient :

Le maréchal avançait que la colonisation de l'Algérie était, de même que la conquête, une très-rude entreprise. Pour accomplir cette dernière, il avait fallu pendant quelques années 100,000 hommes et 100 millions de francs; et, malgré cela, la réussite à ce prix valait encore mieux qu'une dépense moitié moindre prolongée indéfiniment sans résultat décisif. Il pensait de même que la colonisation ne pourrait se faire qu'avec l'aide de l'État, qui choisirait les hommes et fournirait des secours de toute sorte. Le duc d'Isly proposait, en conséquence, de prendre des volontaires parmi les soldats de l'armée d'Afrique encore en activité de service, de les installer sur les hauts plateaux généralement assez sains et fertiles qui séparent le Tell du Sahara, et de leur prodiguer pendant quelques années l'appui de l'État et la main-d'œuvre de leurs frères de l'armée. A ces conditions, le maréchal espérait composer un cadre de colonisation qui aurait quelques chances de prospérité, et qui, conservant une partie des habitudes militaires, aurait la solidité nécessaire au milieu des populations indigènes. Une fois ce cadre fortement établi, la colonisation libre serait venue s'installer à l'intérieur et remplir les vides. Les nombreux adversaires du maréchal Bugeaud s'empressèrent de répandre qu'il voulait coloniser au son du tambour, faire faire les travaux agricoles au coup de baguette, et il n'en fallut pas davantage pour empêcher l'acceptation de ses projets.

Nous croyons, pour notre compte, que le rôle des Européens en Algérie doit être d'abord de développer et d'accaparer le commerce et l'industrie, et de n'entreprendre l'agriculture que lorsque, établis depuis longtemps dans le pays, ils auront recueilli assez de renseignements et de données diverses pour n'agir qu'à coup sûr. Mais étant donné ce problème : « coloniser l'Algérie au plus vite, » de même qu'autrefois avait été posé celui-ci : « conquérir le pays au plus tôt, » nous ne pouvons nous empêcher de reconnaître que le projet du maréchal assurait une solution assez prompte, tandis que par d'autres moyens on était condamné, ainsi qu'il l'avait prévu, à marcher lentement et à dépenser beaucoup. Rappelons-nous que le gouvernement de Février vota 50 millions pour établir agriculteurs en Algérie, des bijoutiers, des passementiers et autres ouvriers de Paris. Il n'en est pas resté un dixième dans les campagnes. A la première saison de maladies, au troisième trimestre, comme disent les soldats, la mortalité en avait enlevé un bon nombre, et le reste s'était réfugié dans les villes pour y exercer divers métiers. Avec quelques sommes de cette importance, le maréchal Bugeaud, lui, eût constitué le cadre de colonisation qui le préoccupait et qu'il voulait vigoureux et éprouvé.

En tout cas, l'armée d'Afrique a accompli sous les ordres du duc d'Isly des travaux très-considérables et utiles à la colonisation, car elle ne quittait le fusil que pour prendre la pioche. Dès le lendemain du retour d'une expédition, les troupes se remettaient au travail. Elles ont construit un nombre important de casernes, d'hôpitaux, de magasins, d'édifices destinés aux services publics, de ponts, d'aqueducs, de puits, de fontaines. Elles ont ouvert à travers les rochers de la Chiffa, la voie qui conduit de Blida à Médéa, et ont tracé dans tous les sens une foule de routes diverses; elles ont desséché des marais, fait des barrages, défriché des terres incultes pour les colons, organisé des jardins autour de toutes les villes de garnison, et laissé partout des vestiges glorieux de l'occupation.

Nous ne pouvons omettre de rappeler que le maréchal Bugeaud a publié divers écrits. Il a exposé avec sa clarté habituelle ses opérations à l'armée des Alpes, en 1815, dans les environs de l'Hôpital sous Conflans, et quelques détails sur l'expédition de la Sikkak. Il a développé son système sur les avant-postes, sur la manière de combattre dans les montagnes, de passer les défilés, etc. Il a émis quelques avis dans ses *Aperçus* sur les manœuvres et sur les devoirs d'un chef de troupe. Il est à regretter que le maréchal n'ait pas publié un grand ouvrage comprenant ses idées complètes sur toutes les parties de la guerre, et qui fût devenu le véritable bréviaire des gens du métier.

J'ai entendu raconter par divers officiers, que M. Thiers, qui avait cherché à s'entretenir avec toutes les célébrités militaires au sujet de ses travaux historiques, n'avait rencontré aucun capitaine qui lui fît comprendre une bataille aussi bien que le maréchal Bugeaud. Si le fait n'est pas vrai, il est très-vraisemblable; car le duc d'Isly possédait, ainsi que nous l'avons dit, une clarté d'exposition fort remarquable.

L'illustre conquérant de l'Algérie est mort à Paris, le 10 juin 1849, frappé par le choléra. Sa mort fit grande sensation dans la capitale. Deux statues ont été érigées depuis en son honneur, l'une à Périgueux, l'autre à Alger.

Parmi les militaires qui furent les premiers lieutenants du maréchal Bugeaud, et parmi ceux qui se formèrent à son école et se sont fait un renom plus tard, nous avons remarqué comme illustrations purement militaires : les maréchaux Baraguey-d'Hilliers, Saint-Arnaud, Pélissier, Canrobert, de Mac-Mahon, estimé par bon nombre d'hommes de guerre comme le premier de nos chefs d'armée actuels; les princes d'Orléans, les généraux Changarnier, d'Arbouville, de Bourjolly, Renault, Morris, d'Allonville, Jusuf, Ladmirault, Uhrich, Tartas, d'Autemarre, Bazaine, Bourbaki, Camou, Mellinet, Vinoy, de Forton, Cassaignolles, Korte, Montauban, Géry, Bisson, Espinasse, Wimpffen.

D'autres se sont signalés par un remarquable ensemble de talents militaires et administratifs; ce sont surtout : le maréchal Bosquet, le duc d'Aumale, les généraux Lamoricière, Bedeau, Cavaignac, de Martimprey, Daumas, Marey-Monge, Walsin-Estherazy, Herbillon, Rivet, Desvaux, Durrieu, Trochu, Périgot.

Enfin, quelques-uns, à la tête desquels nous placerons le maréchal Randon, se sont adonnés de préférence aux détails administratifs, et se sont fort distingués par leur aptitude dans ce genre de services.

III

BEDEAU. — CAVAIGNAC

SOUFFRANCES DE L'ARMÉE D'AFRIQUE

1° BEDEAU

BEDEAU (Marie-Alphonse), est né à Vertou (Loire-Inférieure), le 10 août 1804. Admis à la Flèche comme fils d'un ancien officier de marine, il entra plus tard à Saint-Cyr (1820), et en sortit officier d'état-major. Lieutenant en 1824, il était capitaine durant la campagne de Belgique (1831-1832). Il s'était, dit-on, fait remarquer du gouvernement par un plan de campagne sur les Pyrénées, et fut nommé chef de bataillon dans la légion étrangère, qui avait été mise momentanément à la disposition de l'Espagne, au milieu de 1835. Nous le trouvons, dès l'année 1836, à la tête d'un bataillon de cette même légion, sur la terre africaine, qu'il ne doit plus quitter jusqu'en 1848. Il avait abandonné, comme on le voit, le corps d'état-major, pour entrer dans une troupe d'infanterie appelée à servir constamment en campagne, et au milieu de laquelle il avait espoir d'arriver plus vite aux grades élevés. C'est ainsi que quelques officiers des armes spéciales ont, à diverses époques, profité des occasions qui leur ont été offertes de passer dans la cavalerie ou l'infanterie de l'armée d'Afrique, renonçant à leurs corps particuliers, dans lesquels ils n'eussent pu parvenir que lentement aux derniers échelons de la hiérarchie. Nous avons remarqué, parmi ces officiers, MM. Duvivier, Lamoricière, Bedeau, Cavaignac, Roguet, Bouscarin, d'Allonville, Marey-Monge, de Mac-Mahon, Bosquet, Walsin-Estherazy, Thomas, Rivet, Durrieu.

Le commandant Bedeau était à la prise de Constantine ; il est cité dans le rapport du général en chef comme s'étant particulièrement distingué. Il fut même nommé commandant de la place aussitôt que l'on songea à rétablir l'ordre dans la ville prise d'assaut, et ne tarda pas à être promu lieutenant-colonel.

A l'ouverture des hostilités générales, en 1840, Bedeau fut placé comme colonel à la tête du 17ᵉ léger, qui acquit, à cette époque, une réputation des plus brillantes parmi les divers corps qui se sont illustrés dans notre colonie. Le 19 mars, notre jeune colonel occupait avec son régiment le poste de Cherchell. Au milieu de mai, il prenait part à l'expédition de Médéa, et au retour de l'armée, le 20 mai, il supportait, au bois des Oliviers, tout l'effort des réguliers d'Abd-el-Kader, et donnait, durant un combat de plusieurs heures, de nombreuses preuves d'habileté et de valeur. Il fut blessé pendant l'action.

Vinrent ensuite la prise et l'occupation de Miliana. La ville fut emportée par deux colonnes d'attaque, dont une était commandée par le colonel Bedeau. Quelques jours après, au retour de l'armée expéditionnaire, nouveau combat au bois des Oliviers. Le 23 juin, Bedeau coopérait au ravitaillement de Miliana, qui s'exécuta avec succès malgré les attaques d'un ennemi très-supérieur en nombre. Le colonel Bedeau a pris part à toutes les expéditions qui signalèrent la fin de 1840; il était au ravitaillement de Miliana, qui fut dirigé par le général Bugeaud en mai 1841, et devint maréchal-de-camp en juin de la même année. Au mois de novembre, à la suite de la pénible campagne de cinquante-trois jours, conduite par le nouveau gouverneur dans la province d'Oran, le général Bedeau fut désigné pour commander la subdivision de Mostaganem, mais il n'y resta pas longtemps. Dès la fin de janvier 1842, lors de la réoccupation de Tlemcen, il était appelé au commandement de la subdivision qui y fut installée, et de la brigade active qui dut opérer dans un certain rayon autour de l'ancienne *sultane de l'ouest*. C'est là que nous avons servi sous les ordres du général Bedeau, et que nous l'avons vu à l'œuvre. Les troupes dont il disposait se composaient du 2ᵉ bataillon de zouaves, des 8ᵉ et 10ᵉ bataillons de chasseurs, du 15ᵉ léger, de deux escadrons du 2ᵉ chasseurs d'Afrique, et de quelques obusiers de montagne. La colonne expéditionnaire comprenait habituellement toutes ces troupes, excepté le 15ᵐᵉ léger, qui était surtout chargé de la garde de Tlemcen et qui fut rarement appelé à opérer au dehors.

Du 6 au 13 mars, le général Bedeau poursuit Abd-el-Kader le long de la Tafna, reçoit la soumission de la petite ville de Nédroma, et force l'émir à se retirer, pour le moment, dans le Maroc. Le 21 du même mois, notre infatigable ennemi, qui se présente de nouveau avec un contingent marocain de 5 à 6,000 hommes, est repoussé sur les bords de la Sikkak. Le mois d'avril vit de nouvelles tentatives d'Abd-el-Kader sur la Tafna, et de nouveaux succès de notre part. Le 29, entre autres, eut lieu le brillant combat de Bab-Thaza, qui fut très-défavorable à l'émir, parce qu'à la suite de ce succès, le général Bedeau sut habilement se concilier l'amitié des populations montagnardes du massif qui borde la Tafna, en se présentant chez elles plutôt comme leur allié que comme leur dominateur, et en leur demandant seulement de ne pas recevoir Abd-el-Kader, dont il sut faire l'ennemi commun. On reconnaît là le chef habile et prudent qui, dans Tlemcen même, interdisait aux officiers aussi bien qu'aux soldats l'entrée du quartier maure, tant'il craignait de voir surgir quelque mécontentement, quelque cause d'accident. Nous ne saurions trop louer cette extrême prudence du général qui réussit, par ce moyen, à diminuer les difficultés de sa mission, qui était de faire reconnaître peu à peu notre autorité sur toutes les tribus de la subdivision de Tlemcen. Le 3 juin, il eut une entrevue avec le caïd d'Ouchda pour régler à l'amiable d'anciens différends, et le reste de l'année s'écoula en travaux importants dans la place même de Tlemcen et aux environs ; des routes furent tracées, des ponts jetés sur l'Isser et le Rio-Salado.

L'été et l'automne de 1843 furent surtout employés en courses fatigantes dans le sud de la subdivision de Tlemcen, sur la lisière du Tell et du Sahara algérien, dans des steppes dépourvus d'eau ou munis de puits salés. Plusieurs tribus importantes, entre autres les Djafra, étaient encore à soumettre ou à protéger contre l'émir, et ces expéditions n'avaient pas d'autre but.

Quelques-unes de ces tournées furent fort pénibles ; il n'était pas rare de voir la colonne expéditionnaire cheminer toute une journée, toute la nuit suivante, et une partie du lendemain. Une de ces marches dura quarante et quelques heures, une autre cinquante-deux heures. On ne peut se figurer combien paraît longue, dans le Sahara, une journée d'été que l'on emploie à marcher dès trois heures du matin jusqu'au soir. Vers six heures du matin, il est des marcheurs qui commencent déjà à souffrir du chaud; à neuf ou dix heures, la fatigue, l'irritation nerveuse deviennent plus intenses et ne cessent de s'accroître pendant le milieu de la journée; à quatre ou cinq heures du soir, alors que le soleil, dont on attend depuis si longtemps la disparition, est encore très-haut sur l'horizon, elles sont extrêmes. Pour la plupart commence un véritable martyre. C'est le moment des suicides, des congestions cérébrales, des asphyxies. Nous ne saurions trop rappeler à nos lecteurs ces épreuves du temps passé. Quelquefois il fallait porter l'eau avec soi d'un bivouac à l'autre; les soldats étaient, en outre, chargés d'un petit fagot de bois pour faire la cuisine là où l'on savait d'avance ne devoir rencontrer aucun végétal pouvant servir à alimenter le feu. Enfin, j'ai vu à diverses reprises nos malheureux troupiers obligés de porter à la fois l'eau, le bois, et de plus, pour la nourriture des bœufs, un énorme bottillon de foin. Celui-ci s'élevait en montagne au-dessus du sac, beaucoup plus haut que la tête du soldat, de sorte qu'on ne voyait plus dans la colonne que des monceaux de foin ambulant. La marche de nuit est encore une longue série de souffrances pour le fantassin que le sommeil a gagné. Dans ce cas, il s'endort, trébuche, et se réveille à chaque pas, c'est-à-dire plusieurs fois par minute. L'on peut juger par là combien des épreuves de ce genre, prolongées pendant quelques heures, doivent être pénibles.

Nous avons dit que l'infanterie de la colonne de

Tlemcen était habituellement composée du 2ᵉ bataillon de zouaves, des 8ᵉ et 10ᵉ bataillons de chasseurs. La plus louable émulation existait, non-seulement entre les officiers, mais même entre les soldats de ces troupes d'élite (1). Ainsi le bataillon d'avant-garde marchait toujours le plus vite possible, de sorte que celui de l'arrière-garde était presque obligé de courir pour ne pas perdre sa distance. Ce dernier, cependant, n'osait s'en plaindre tout haut ; mais le lendemain, lorsque son tour était venu de faire l'avant-garde, il forçait le pas de manière à embarrasser l'arrière-garde, qui avait peine à suivre (2). Il était presque déshonorant, au milieu de cette petite colonne, de montrer de la fatigue,

---

(1) Parmi les officiers qui ont figuré dans ces trois bataillons, de 1842 à 1844, nous trouvons MM. de Mac-Mahon, d'Autemarre, Bouat, d'Exéa, Bazaine, de Lourmel, de Saint-Pol, Chapuis, Perrin de Jonquières, Levassor-Sorval, tous devenus officiers généraux, et MM. de Maleville, tué colonel, et Duportal, actuellement colonel.

(2) Quelques lecteurs pourraient comprendre, par cette phrase, que j'accuse le général Bedeau d'avoir laissé sa colonne marcher en désordre. Ce n'est point là ma pensée. C'était précisément pour qu'il n'y eût pas de désordre et que, par suite, le général n'intervînt pas, en prescrivant à l'avant-garde de modérer le pas, que l'arrière-garde faisait des efforts extrêmes, ne voulant pas s'avouer vaincue. Ce fait prouve simplement l'esprit d'émulation qui existait dans cette petite troupe. J'ai fait plusieurs expéditions au milieu d'autres colonnes, et là, presque chaque jour, les plaintes de l'arrière-garde arrivaient de proche en proche jusqu'aux troupes qui marchaient en tête, et ordre était donné au premier peloton de ralentir l'allure.

d'avoir recours aux cacolets ; on y a vu des soldats exténués ne pas vouloir l'avouer, et marcher jusqu'au moment où ils tombaient forcément et mouraient épuisés quelques instants après.

Le général, qui avait su créer parmi ses soldats des sentiments pareils d'émulation et de dévouement, avait, on le comprend, des qualités remarquables. C'était, en effet, un des chefs les plus honorables et les plus complets qu'il soit possible de rencontrer ; d'une probité à toute épreuve, simple de mœurs, sage, modeste, intelligent, dévoué par dessus tout au bien public. Sachant d'avance tout ce qu'il avait à exiger de sa troupe, il lui arrivait de désigner lui-même les hommes qu'il devait emmener à sa suite. En faisant ainsi un choix parmi des soldats composant des corps d'élite, c'est-à-dire déjà choisis une première fois, et en leur inspirant les sentiments dont nous avons parlé, il obtenait des résultats véritablement prodigieux comme marches forcées.

Le général Bedeau était fort ennemi du moindre luxe ; il voulait qu'il n'y eût, conformément au règlement, qu'un mulet de bagages pour les trois officiers d'une compagnie d'infanterie. Comme il n'était pas rare de voir les chefs d'une compagnie acheter un deuxième mulet, ainsi que cela était habituel dans les autres colonnes, où même chaque officier avait sa bête de somme, le général en personne se mit une fois à la porte de Tlemcen pour voir défiler les bagages, demandant à qui appartenait chaque bête chargée qui passait. Il renvoyait impitoyablement le deuxième mulet qui était présenté comme attaché au service du personnel d'une seule compagnie. Il mangeait sur ses cantines comme le dernier sous-lieutenant, et adressa un jour une vive remontrance à un capitaine qui s'était permis de faire transporter sur un mulet, un petit coin de table de bois blanc très-mince, appuyé sur un pied mobile, le tout pesant au plus un kilogramme et demi. Le général, au milieu de ses reproches, parla de *l'armée de Darius ;* la petite table en question lui avait donné la crainte que nous n'en vinssions peu à peu au luxe du monarque asiatique. Les soldats lui avaient donné le surnom de *Marteau,* parce qu'un jour où il haranguait un peu vivement sa troupe, il lui échappa de dire : « Vous serez l'enclume et moi je serai le marteau, et je frapperai fort. »

Entre autres détails que nous avons à citer comme particuliers au général Bedeau, nous mentionnerons qu'il ne pouvait supporter dans son camp ni batteries, ni sonneries. Tous les ordres devaient être transmis verbalement (1). Nous avions tellement pris nous-

---

(1) Il m'a été démontré, et je suis heureux de le déclarer, qu'en agissant ainsi, le général Bedeau avait aussi pour motif la tranquillité du soldat, qu'il désirait voir reposer en paix au bivouac. Je maintiens seulement que ce n'était pas là la seule cause de l'ordre en question, ainsi que cela m'a été objecté ; j'ai encore présent à la mémoire diverses scènes qui ont eu lieu dans le camp du général

mêmes l'habitude de ce silence un peu triste, que, rencontrés un jour par une colonne de Lamoricière, nous fûmes tout étonnés et presque agréablement distraits par les coutumes plus bruyantes, qui étaient peut-être, en revanche, poussées à l'excès dans le bivouac du jeune général, car on y battait même la retraite du soir, sans grande utilité, comme on le pense bien.

Mais nous avons dit que le général Bedeau avait une physionomie à part au milieu de nos chefs militaires, et que c'était à ce titre surtout que nous nous occupions de lui dans notre travail, de préférence à d'autres célébrités africaines qui n'ont pas rendu moins de services dans notre colonie. Nous allons essayer de faire sentir ce qui, chez l'homme remarquable que nous étudions, le différencie de ses émules.

Le général Bedeau était une sorte de puritain, fanatique de l'idée du devoir. Certes, tout le monde est persuadé que le soldat doit à son pays le dévouement, la patience, le courage qu'exige la conduite d'une guerre difficile. Mais en même temps, on sent que s'il y a des services hors ligne rendus à la patrie, celle-ci est tenue de distribuer à ses serviteurs des récompenses ou des marques quelconques de gratulation. Pour le gé-

---

Bedeau à propos de sonneries intempestives. Il me semble encore voir le général sortir irrité de sa tente et demander ce que signifiaient ces bruits, qui lui agaçaient les nerfs. Très-certainement, les batteries et les sonneries étaient insupportables pour lui personnellement.

néral Bedeau, le dévouement, les souffrances de la troupe font simplement partie des devoirs du soldat, et il n'y a rien que de très-naturel dans l'accomplissement de ces obligations. En raisonnant de cette façon pour ce qui le concernait personnellement, ainsi qu'il l'a fait quelquefois, le général Bedeau donnait la preuve d'une extrême modestie; mais en appliquant à sa troupe la même manière d'apprécier, il devenait injuste. Lorsqu'à la suite de privations pénibles, de fatigues extraordinaires imposées à ses soldats, il rendait compte que tout allait pour le mieux dans sa subdivision, que toutes les opérations y étaient faciles, que rien n'y devait fixer l'attention, il oubliait que la même façon de juger n'existant pas chez les autres chefs de l'armée, il causait aux hommes de sa brigade un dommage dont ceux-ci étaient en droit de se plaindre. Qu'on nous permette, dans le but de faire comprendre notre pensée, une comparaison tirée d'un autre ordre d'idées. On sait ce qui arrive lorsque l'on emploie, pour examiner des candidats à une école du gouvernement, par exemple, divers fonctionnaires qui interrogent chacun un certain nombre de concurrents sans s'être, au préalable, concertés sur la façon d'apprécier. Les résultats des interrogations sont cotés de zéro à vingt, ce dernier nombre représentant le *nec plus ultrà*. Mais des examinateurs très-satisfaits des réponses d'un candidat inscriront dix-huit, tandis que d'autres, dans le même cas, emploieront le chiffre douze ou quatorze, et ainsi de suite pour les catégories inférieures. De sorte que des concurrents estimés très-aptes ne sont pas reçus, et d'autres, considérés comme médiocres, sont acceptés. Cela s'est vu, et on a remédié à cet inconvénient en faisant interroger tous les postulants par les mêmes inspecteurs, qui appliquent dès lors à tous une manière unique d'apprécier.

Pour en revenir à notre général africain, nous dirons que ses troupes n'étaient pas satisfaites et n'avaient pas lieu de l'être en voyant leurs propres services estimés comme des faits ordinaires, alors qu'ils eussent semblé extrêmement méritoires à d'autres chefs militaires. Nous aurons occasion de faire remarquer que, dans des circonstances malheureusement beaucoup plus graves, cette habitude qu'avait le général Bedeau de s'imposer toujours des devoirs rigoureux, difficiles à remplir, le conduisit à prendre une mesure qui devait lui aliéner l'armée, mais que sa conscience lui présentait sans doute comme nécessaire au bien public. A l'appui des réflexions précédentes, nous citerons ce fait, que jamais, en rentrant à Tlemcen, le général ne prescrivit une distribution extraordinaire de vivres, bien qu'il eût quelquefois ordonné la demi-ration pendant le cours des expéditions. Il disait à ce propos : « La ration réglementaire suffit; donner plus serait du gaspillage; les hommes ont eu, il est vrai, une demi-ration dans telle circonstance; ils ont souffert; mais le fait est passé; une double distribution aujourd'hui ne remédierait pas aux privations endurées. » Le général oubliait ici l'effet moral produit par toute mesure de l'autorité qui se présente comme une rémunération. Et puis l'homme est ainsi fait, qu'un excès en amène naturellement un autre. A la suite de l'extrême privation vient le besoin de l'extrême jouissance. N'a-t-on pas accordé de tout temps quelques heures d'une licence complète aux soldats qui ont pris une ville d'assaut? Aux zouaves, jadis, il était laissé aux hommes un ou deux jours sans appel à la rentrée d'une expédition fatigante. On reproche aux troupes de gaspiller les troupeaux provenant d'une razzia et de tuer, par exemple, des moutons seulement pour avoir les rognons. On ne réfléchit pas qu'un excès de ce genre rompt la monotonie d'une existence toute de souffrance, réveille la verve du troupier et lui donne plus de courage pour supporter la misère à venir. En Afrique, il n'y a pas d'arcs-de-triomphe, pas de populations enthousiastes prêtes à recevoir nos braves en les couvrant de fleurs. Ces compensations n'existaient pas pour nos soldats, qui, à la suite d'une longue course au delà des Chott, rentraient simplement à Tlemcen dans leurs casernes. Ceux de nos troupiers qui étaient assez heureux pour atteindre à peu près sains et saufs la fin de leur temps de service, n'avaient pas même l'espoir de rentrer dans leurs foyers avec un signe honorifique rappelant leur rude labeur.

L'initiative impériale a réparé, de nos jours, ce vide de

nos institutions par l'établissement de la médaille militaire. Nous avons vu avec bonheur l'attention du chef de l'État se porter enfin, dans l'armée, sur la condition du soldat au moins autant que sur celle des chefs ; il y a longtemps que nous appelions de tous nos vœux ces mesures réparatrices.

Citons enfin un dernier trait qui achèvera de faire comprendre combien le général Bedeau était convaincu que l'état militaire doit être, avant tout, une condition de misère et de souffrances. Il était très-discoureur et aimait beaucoup à développer ses idées, peut-être même un peu longuement. Il soutenait, entre autres thèses, que les officiers étaient payés très-grassement, et, pour le prouver, il ajoutait par la pensée, à la solde mensuelle de chacun, une fraction représentant le capital qui devait plus tard assurer la pension de retraite ; il faisait entrer en ligne de compte les avantages faits aux fonctionnaires militaires dans les hôpitaux, dans les établissements thermaux, sur les bateaux de transport ; les indemnités accordées aux blessés, aux amputés, aux membres de l'armée mis en non-activité, en réforme, à tous ceux qui sont sortis des rangs et reçoivent cependant un traitement périodique. Il finissait ainsi par faire voir que l'argent dépensé pour un officier, en moyenne, était considérable. Mais, malgré ce raisonnement, le sous-lieutenant qui, à la fin du mois, et après avoir soldé toutes ses petites dépenses obligatoires, ne se trouvait plus rien en poche, ne pouvait se convaincre qu'il était, outre mesure, l'objet des libéralités de l'État.

Mais reprenons la suite de notre récit. Au commencement de 1844, des complications survenaient à la frontière marocaine par suite de l'établissement que nous fondions, sur notre territoire cependant, à Lalla-Maghnia. Le général Bedeau marcha constamment à la tête de ses troupes pendant les premières hostilités des Marocains, et il fut choisi pour parlementer avec le chef mogrebin Si-el-Guennaoui, lorsque le maréchal Bugeaud vint avec des renforts prendre la direction des événements. Nous avons déjà dit précédemment que les passions étaient trop exaltées chez nos adversaires pour qu'un arrangement à l'amiable fût possible. Notre parlementaire reçut de grossières invectives (on l'appela, dit-on, *ben meniouq*), et son escorte fut attaquée. Une partie de l'armée française dut même se déployer pour châtier les groupes qui s'étaient compromis à la suite de l'entrevue. Le général Bedeau fit toute la campagne du Maroc; il assistait à la bataille d'Isly, où il commandait la colonne de droite, qui vint si à propos secourir la cavalerie du colonel Morris, un instant compromise au milieu de masses compactes de fantassins. Quelque temps après, le général Bedeau était nommé lieutenant-général, commandant la province de Constantine, en remplacement du duc d'Aumale, qui rentrait en France. La brigade de Tlemcen, quoique très-fière de son général et pleine de vénération pour lui, fut médiocrement satisfaite de voir ses efforts presque surhumains reconnus et récompensés à peu près uniquement dans la personne de son chef.

Le général Bedeau dirigea encore avec succès quelques expéditions dans la province de Constantine. Il soumit et organisa l'Aurès dans le courant de 1845. Au commencement de l'année suivante, il fit plusieurs excursions sur les limites et confins de la Kabylie, jusque dans la province d'Alger, au moment où Abd-el-Kader, présent presque partout à la fois, imprima une si rude secousse à notre établissement algérien. Au mois de mai 1847, il coopérait, ainsi que nous l'avons dit, à la tête de sa division, à l'entreprise du maréchal Bugeaud sur la rivière de Bougie. Pendant que le duc d'Isly combattait les Beni-Abbèss et longeait ensuite tranquillement jusqu'à Bougie le fleuve qui s'appelle successivement l'Oued-bou-Messâoud, Oued-Sahel, la Summam, le général Bedeau châtiait les Reboula, les Beni-Ourtilan, et recevait de nombreuses soumissions. Le mois suivant, c'est-à-dire en juin 1847, il commanda une expédition contre les Kabyles des environs de Collo et se battit trois jours de suite contre les Ouled-Aïdoune. Il vint ensuite à Alger, au moment du départ du maréchal Bugeaud, prendre par intérim le commandement, qu'il remit, le 5 octobre, entre les mains du duc d'Aumale.

Ici se termine la carrière africaine du général Bedeau. Nous allons cependant relater une circonstance très-grave de la vie de cet homme remarquable, circonstance que nous devons mentionner, bien qu'elle se soit produite en France, parce qu'elle complète logiquement tout ce que la conduite du général Bedeau en Algérie nous avait fait penser de son caractère. Nous avons déjà dit qu'il cherchait constamment à se créer des devoirs rigoureux et mettait son honneur à les accomplir consciencieusement. Quelque temps après la révolution de Février, il accepta le commandement de la place de Paris et fit exécuter le désarmement des troupes. Faire rendre les armes à toute une armée française, à des soldats auxquels on inculque journellement la croyance qu'il est déshonorant de livrer, même sous menace de mort, ses instruments de combat, était une mesure tellement considérable que peu de chefs eussent osé la prescrire. Le général Bedeau ne pouvait ignorer à quel point il devait se rendre par là odieux à l'armée. L'organisation même d'une multitude dans laquelle des centaines de mille hommes se laissent mener par quelques chefs est un fait peu naturel qui ne s'explique que par les idées, les préjugés, si l'on veut, que l'on a su répandre dans les masses. Parmi ces derniers, un des plus invétérés est le respect que l'on a inspiré au soldat pour ses armes ; le moindre dommage causé volontairement à une partie de l'armement est puni de peines très-sévères, et l'on est arrivé à ce résultat, que le troupier ne saisit jamais son fusil au râtelier sans une sorte d'émotion respectueuse.

Il est certain, d'autre part, qu'on ne peut modifier journellement cet état de choses, et il faut ou renoncer à avoir une armée ou tenir compte des préjugés essentiels qui sont la raison de son existence. Quand donc le général Bedeau vint prescrire aux troupes ce qu'un ennemi vainqueur n'eût osé exiger d'elles, il froissa au plus haut point les sentiments militaires. Mais il avait sans nul doute pesé le pour et le contre ; il avait mis son intérêt personnel, sa réputation, d'un côté, ce qu'il regardait comme son devoir de l'autre, et il se décida pour le devoir. Tout en désapprouvant hautement le fait, nous ne pouvons qu'honorer les mobiles probables du général. Nous sommes convaincus qu'il a agi en obéissant à sa conscience et en croyant fermement être utile au bien public. S'il s'est montré militaire peu scrupuleux, il s'est manifesté grand citoyen, et il aurait au moins dû, semble-t-il, recueillir les témoignages sympathiques de toute la population civile. Malheureusement, les hommes de guerre qui se mettent au service des intérêts bourgeois, doivent s'attendre à l'ingratitude la plus prononcée. Nous en verrons plus loin un éclatant exemple dans la carrière du général Cavaignac.

S'il faut en juger d'après l'expérience du passé, le parti qui semble le meilleur pour un militaire en temps de révolution, c'est de briser son épée s'il n'approuve pas les résolutions du pouvoir qui l'emploie, ou de frapper fort et sans ménagement dans le cas contraire.

Mais, quoi qu'il arrive, on doit éviter soigneusement de s'entremettre entre les partis, sous peine d'être honni des deux côtés.

Aux journées de juin 1848, le général Bedeau offrit encore ses services, marcha contre les insurgés et reçut une blessure au bras. Depuis, il n'a plus joué de rôle militaire, et, à la suite d'événements politiques qui sont connus, il s'est réfugié à l'étranger. Le bruit a couru plusieurs fois que, profondément pénétré de convictions religieuses, le général Bedeau songeait à entrer dans les ordres. Si le fait n'est pas vrai, il est au moins très-vraisemblable de la part du personnage de la physionomie duquel nous venons d'esquisser quelques traits.

2° CAVAIGNAC.

Voici encore un général africain qui s'était acquis dans l'armée une renommée pure et incontestée, et qui a eu le malheur d'être appelé à peser de son épée au milieu de nos discordes civiles, ce qui lui a créé de nombreux ennemis, même parmi ceux dont il a sauvegardé les intérêts.

Cavaignac (Louis-Eugène) est né à Paris le 15 octobre 1802. Entré à l'École polytechnique en 1820, il en sortit officier du génie deux ans plus tard. Lieutenant en 1824, puis capitaine bientôt après (1827), il fit en cette qualité la campagne de Morée. Pendant les premiers moments d'agitation qui suivirent la révolution de 1830, Eugène Cavaignac eut occasion de faire connaître ses opinions républicaines, tandis que son frère Godefroy prenait place dans la presse politique parmi les chefs du parti qui ne voulait plus en France de monarchie héréditaire. Ce sont les souvenirs de cette époque et surtout l'importance qu'avait acquise avant de mourir Godefroy Cavaignac, qui firent porter sur son frère, alors général en Afrique, l'attention des républicains de 1848.

Envoyé en Algérie comme capitaine du génie, Eugène Cavaignac eut d'abord mission (1833) d'élever une redoute dans les environs d'Oran, et il accomplit sa tâche malgré la résistance des indigènes et un combat sérieux, à la suite duquel il fut décoré. Il accompagnait le commandant de Lamoricière lorsque celui-ci fut envoyé en aide au général Trezel au moment de la défaite de la Macta. Il fit ensuite partie de l'expédition du maréchal Clauzel sur Mascara, et, la même année (1836), il prenait part à l'entreprise dirigée par le même gouverneur, et qui avait pour but la délivrance et l'occupation de Tlemcen. Cette ville se trouvait habitée par des Koulouglis qui s'étaient mis en état d'hostilité avec Abd-el-Kader, et qui, bloqués continuellement par leurs ennemis, nous appelaient à leur secours, offrant de se soumettre à notre autorité. Le chef de ces Koulouglis était le fameux Mustapha-ben-Ismaël, qui devint général honoraire, commandant de tous les cavaliers des tribus Makhzen, des Douairs et Zmélas, et nous rendit plus tard d'importants services. Le maréchal Clauzel entra donc en campagne et vint délivrer Tlemcen ; mais on ne sait par quel malentendu, qui fait voir combien les affaires arabes étaient alors éloignées de cette intelligente organisation qu'elles ont eue depuis, ces alliés qu'on était venu secourir furent plus maltraités que des ennemis pourchassés de vive force. On leur imposa une contribution extraordinaire, et on employa pour la faire rentrer des moyens encore plus extraordinaires. Ne nous appesantissons pas sur ces détails, qui ne sont pas à l'honneur du maréchal Clauzel, et hâtons-nous de dire que, lorsqu'il fallut quitter la ville, on résolut d'en confier la garde à un détachement français. Cinq cents volontaires de tous les corps furent réunis en un groupe dont on confia le commandement au capitaine Cavaignac. Ces hommes s'enfermèrent dans le Méchouar, citadelle de Tlemcen, et s'occupèrent aussitôt de s'installer le plus convenablement possible. La tâche de Cavaignac était d'une grande difficulté, car il avait non-seulement à se défendre contre les attaques incessantes d'un ennemi qui le bloquait, à encourager ses soldats, à les préserver de la nostalgie ; mais il devait encore conquérir l'estime et l'affection des Koulouglis restés à Tlemcen, et l'on sait que ceux-ci n'avaient pas lieu d'être contents de nous. Le jeune capitaine se montra à la hauteur de cette mission et réussit sous tous les rapports. C'était une sorte de destinée pour Cavaignac d'avoir à accomplir des œuvres difficiles en même temps que peu brillantes et même ingrates. Nous l'avons laissé au Méchouar ; nous le verrons plus tard à Cherchell, à Médéa, à Orléansville, puis de nouveau à Tlemcen, et enfin aux barricades de juin, toujours remplissant des devoirs pénibles. A d'autres les occasions de gloire facile, les colonnes d'assaut à conduire, les positions à enlever, les coups de main brillants à diriger ; l'homme de guerre qui nous occupe n'eut que rarement de ces heureuses aubaines, il lui était réservé de la besogne à la fois plus pénible et moins féconde en renommée éclatante. Ces épreuves subies de bonne heure, ainsi que son état maladif, contribuèrent sans doute à donner à Cavaignac cet aspect triste et sévère qui lui était habituel. Il était, du reste, on le sait, d'une taille au-dessus de la moyenne, de même que le général Bedeau et la plupart de nos officiers-généraux. Cette habitude de voir, le plus souvent à leur tête des chefs d'une stature élevée, faisait fort remarquer des soldats, Lamoricière, qui est, nous l'avons dit, de très-petite taille. Je me rappelle qu'un jour notre colonne ayant fait jonction avec une troupe commandée par ce dernier général, les hommes de la huitième escouade de chaque compagnie, c'est-à-dire les plus petits, se montrèrent pendant quelques instants fort réjouis et ne cessèrent de répéter : « Hé ! hé ! ce ne sont pas toujours les plus grands qui commandent. »

Mais revenons au Méchouar. Le capitaine Cavaignac, abandonné à lui-même, sut se concilier l'amitié des quelques Koulouglis qui avaient résolu de partager notre sort dans Tlemcen ; il noua également des relations avec les Arabes du dehors, se créa, à force d'industrie, des ressources variées et, entre autres précautions, fit habiller ses hommes avec des étoffes du pays. Il réussit enfin à empêcher le découragement de s'emparer de la petite garnison. Aussi, lorsqu'au commencement de juillet (1836) le général Bugeaud vint ravitailler le Méchouar, trouva-t-il le détachement dans un état satisfaisant. Quelques jours après, et à la suite du brillant combat de la Sikkak, le général Bugeaud revint encore à Tlemcen et annonça au capitaine Cavaignac qu'il allait demander pour lui le grade de chef de bataillon. Mais on avait, paraît-il, promis le grade supérieur à tous les volontaires du Méchouar qui déjà avaient un rang dans la hiérarchie, et le chef de ces courageux soldats, mû par un désintéressement qui devient chaque jour plus rare, s'empressa de répondre qu'il n'accepterait une récompense qu'autant que les promesses faites antérieurement à ses inférieurs seraient réalisées.

A la fin de novembre 1836, le général Létang vint, à son tour, renouveler les approvisionnements du Méchouar, et il en trouva la garnison dans un état assez satisfaisant. Au mois d'avril de l'année suivante (1837) eut lieu un fait singulier et qu'il est bon de rappeler : ce fut Abd-el-Kader lui-même qui, par suite des négociations qui se tramaient sans cesse entre l'émir et nos généraux, à l'aide et au plus grand profit de juifs cupides autant qu'habiles, se trouva engagé à opérer le ravitaillement de Tlemcen. Il fournit ainsi du blé, de l'orge, des bœufs, à des gens qui occupaient, malgré lui, une ville sur laquelle il prétendait dominer. Le 20 mai suivant, le général Bugeaud entrait de nouveau dans Tlemcen avec un convoi de vivres, et enfin, le 12 juillet, après la signature du traité de la Tafna, le Méchouar fut complétement abandonné par nous. Le commandant Cavaignac et ses hommes, qui furent réunis au corps des zouaves, avaient, du reste, été remplacés récemment dans ce poste par un bataillon d'un régiment d'infanterie.

C'est peut-être l'occasion de rappeler ici que nos malheureux soldats d'Afrique ont non-seulement souffert, — soit par de longues marches en été, au soleil, dans les plaines arides, ou l'hiver, dans des régions couvertes de boues, au milieu de torrents débordés, — soit par des luttes acharnées dans lesquelles il fallait longtemps poursuivre l'ennemi pour obtenir des résultats ; — mais encore et plus peut-être par un séjour prolongé dans des localités malsaines ou privées de ressources. Rappelons qu'à une certaine époque le malheureux régiment en garnison à Bône, ne pouvant suffire à la corvée d'enterrer ses morts au fur et à mesure des décès, avait établi au cimetière une série de grandes fosses. Chaque compagnie avait la sienne et y déposait journellement les cadavres de ses soldats défunts. Le Fondouk, dans la plaine de la Mitidja, a vu ses champs engraissés des ossements de plusieurs milliers de victimes. Bouffarik a été longtemps l'épouvantail de l'armée. Les détachements qu'on y envoyait, si peu qu'ils y restassent, laissaient toujours un bon nombre de leurs hommes dans cette infecte nécropole. Beaucoup d'autres points encore rappellent les nobles misères de nos soldats. Certains camps ont été tellement envahis par les puces, que nos troupiers, ne pouvant plus goûter de repos ni le jour ni la nuit, tombaient dangereusement malades. Ailleurs ce sont des moustiques qui ont poussé au désespoir quelques-uns de nos soldats.

En 1836, au camp de la Tafna, nos troupes, bloquées et épuisées par des luttes continuelles contre des adversaires infatigables, furent réduites à manger les chevaux tués dans les combats. Dans les ruines de Djimila, l'année suivante, 600 hommes, sous la conduite du commandant Chadeysson, repoussent vigoureusement les attaques très-vives des Kabyles environnants, et cependant ils endurent pendant six jours le manque complet d'eau. Médéa, Miliana, virent, à diverses reprises, nos soldats souffrir cruellement du retard des ravitaillements; Miliana surtout a été le théâtre de faits qu'on ne saurait oublier. Au mois de juin 1840, 1,100 hommes d'infanterie furent laissés dans cette place sous les ordres du lieutenant-colonel d'Illens. Mais les vivres furent bientôt reconnus insuffisants. Les soldats, pressés par la faim, bloqués par les Arabes et dans l'impossibilité de se procurer aucune denrée alimentaire en dehors de la faible ration qui leur était attribuée, abusèrent des fruits sauvages, des racines, des reptiles même et d'animaux immondes. Une affreuse contagion ne tarda pas à se manifester. La nostalgie, la dyssenterie, firent de rapides ravages, et, chose incroyable, le gouverneur-général, qui savait un millier de Français enfermés dans Miliana, n'avait aucun moyen d'avoir de leurs nouvelles et ignorait leur situation. Il fut informé, en quelque sorte, par hasard et parce qu'un ancien déserteur, qui avait servi chez Abd-el-Kader, chercha à se réhabiliter et prévint, à ses risques et périls, de ce qui se passait à Miliana. Déjà 800 hommes avaient succombé. On attendit cependant encore six semaines, une fois ces nouvelles reçues, et, au mois d'octobre, le général Changarnier reçut ordre de ravitailler la ville confiée au colonel d'Illens. Il ne trouva pas dans cette place 150 hommes valides, et, au 1ᵉʳ janvier suivant, 80 seuls vivaient encore.

Dans le marabout de Sidi-Brahim (1845), les chasseurs du 8ᵉ bataillon, enfermés au nombre de 80 environ et bloqués pendant plusieurs jours, durent recueillir précieusement l'urine de deux mulets également prisonniers, pour chercher à humecter leur palais desséché par la soif. Et cette colonne, dirigée par le général Levasseur au sud de Sétif, et qui surprise par une tourmente de neige et de grêle, eut une partie de ses hommes entièrement gelés et beaucoup d'autres estropiés. Et cette autre colonne, commandée par le général Bosquet, qui subit à peu près les mêmes épreuves dans les environs de Bougie. Et la malheureuse expédition de Zaatcha, pendant laquelle nos soldats furent en proie aux ravages de cette affreuse épidémie, le choléra. Et, dernièrement encore, durant l'expédition du Maroc, notre armée, traînant à ses flancs cet impitoyable choléra, ne dut-elle pas combattre tout en perdant chaque jour de nombreux malades, quelquefois plusieurs centaines en vingt-quatre heures. Que d'autres faits encore que nous ne connaissons pas, témoignent des rudes épreuves supportées par nos soldats.

Le commandant Cavaignac, dont la santé était fort affaiblie, revint en France peu après sa sortie du Machouar et se fit placer en non-activité pendant quelque temps. Il occupa ses loisirs à publier sa brochure intitulée : *De la régence d'Alger.* Si l'on se reporte à l'époque où cet écrit parut, on reconnaît qu'il contient des idées très-larges. L'auteur insiste sur un point qui est constamment négligé par les écrivains qui s'occupent de l'Afrique : c'est que nous avions en Algérie une conquête à faire bien plutôt qu'une colonie à fonder. Il fait, en outre, espérer que l'on pourra tirer bon parti des indigènes si l'on emploie des moyens convenables.

Cependant, les hostilités recommençaient en Algérie sur une grande échelle : la guerre sainte était proclamée d'une extrémité à l'autre de l'ancienne Régence. Le commandant Cavaignac s'empressa de rentrer dans les rangs de l'armée active, et il fut appelé à la tête du 2e bataillon d'infanterie légère d'Afrique (zéphirs). C'est en cette qualité qu'il assistait avec sa troupe à la prise et à l'occupation de Cherchell au commencement de 1840. Le 2e bataillon d'Afrique fut d'abord laissé dans cette place, de compagnie avec le 17e léger ; mais ce régiment, ayant été appelé à Alger au bout de quelques jours, Cavaignac et ses zéphirs furent chargés seuls de la défense de Cherchell. L'ennemi, informé sans doute de la faiblesse numérique de la garnison, ne tarda pas à l'attaquer et à renouveler souvent ses attaques. Il fut constamment repoussé. Le commandant Cavaignac reçut une blessure, dans un de ces combats, le 29 avril 1840. Au mois de juin de la même année, le défenseur de Cherchell est nommé lieutenant-colonel, et, ce qui valait encore mieux qu'un grade nouveau, il est appelé au commandement du régiment de zouaves, en remplacement de Lamoricière. A la fin de novembre (1840), le lieutenant-colonel Cavaignac et son régiment ont mission de remplacer à Médéa le 23e de ligne, qui y avait été si éprouvé pendant quelques mois. Cette garnison de Médéa, commandée par le général Duvivier, avait beaucoup souffert du manque de vivres, de la chaleur et de cruelles maladies. La mortalité avait atteint un moment le chiffre de dix par jour. Les zouaves restèrent dans cette ville jusqu'au mois d'avril 1841 sans trop avoir à souffrir, et, depuis lors, ils firent partie constamment des colonnes expéditionnaires, qui furent occupées, soit aux ravitaillements, soit à la soumission des tribus. Au milieu de l'été (1841), Cavaignac commandait l'arrière-garde dans une colonne dirigée par le général Changarnier et chargée de ravitailler Miliana. Il y eut un combat assez inquiétant dans lequel le chef des zouaves, quoique blessé, sut diriger la retraite avec habileté.

Nommé colonel le 11 août 1841 et conservant le commandement du régiment de zouaves, Cavaignac prit part à toutes les opérations qui eurent lieu dans la province d'Alger pendant les années 1841-1842. Au commencement de 1843, on le voit chargé de la fondation d'Orléansville, sur les ruines d'El-Essnam. Encore un rude labeur qui lui était imposé ! Il s'agissait d'élever rapidement une ville, de construire des édifices de toute nature, au milieu d'une plaine nue et aride, où, pendant l'été, les chaleurs sont accablantes. La cité nouvelle ne tarda pas à surgir, et le colonel des zouaves, nommé maréchal-de-camp à l'automne de 1844, alla remplacer à Tlemcen le général Bedeau, qui prenait le commandement de la province de Constantine. Parmi les généraux d'Afrique, aucun, certes, n'était mieux à sa place à Tlemcen que l'ancien et glorieux défenseur du Méchouar.

Le général Cavaignac continuait avec succès l'œuvre de son prédécesseur, lorsqu'une série d'événements malheureux, que nous avons indiqués dans les notices relatives à Lamoricière et au duc d'Isly, se produisirent, à quelques jours de distance, dans la province d'Oran, à Sidi-Brahim, Sebdou, Aïn-Temouchen et chez les Flitta. L'insurrection prit aussitôt une intensité très-grande, et nos chefs militaires eurent à déployer une nouvelle activité. Cavaignac, de concert avec Lamoricière, soumit en quelques jours les tribus de son territoire qui s'étaient laissé entraîner à la révolte, et Abd-el-Kader alla tenter de nouveaux coups dans le sud de l'Algérie centrale. La brigade de Tlemcen n'en eut pas moins, on le conçoit, à marcher constamment dans toutes les directions autour de la ville pour veiller à la soumission des tribus et faire rentrer les douars émigrés qui sollicitaient le pardon et l'autorisation de reprendre leurs emplacements.

A la fin de mars 1846, le général Cavaignac eut une singulière aventure. Une sorte de fou religieux, nommé El-Fadhel, et se disant Aïssa (Jésus-Christ), dont les musulmans attendent la seconde apparition sur terre, ayant rassemblé de nombreux goums, osa défier le commandant des troupes de Tlemcen. Il lui désignait un lieu de rendez-vous et lui prédisait une déroute complète. « Tu y périras, toi et les tiens, » disait-il. El-Fadhel, d'autre part, assurait aux siens que la terre s'ouvrirait pour engloutir les Français. Le 30 mars, le général sort avec ses troupes, et, rencontrant sur le plateau des Beni-Ournid les contingents d'El-Fadhel, il les charge avec vigueur et les culbute complétement. On n'entendit plus parler du soi-disant Aïssa.

Dans l'hiver de 1846-1847, le général Cavaignac fit diverses excursions chez les Ouled-Nahr et chez les Hamian, car les courses d'Abd-el-Kader sur la frontière marocaine donnaient toujours un peu d'agitation à nos tribus. Puis, de concert avec le général Renault, qui commandait les troupes de Mascara, il entreprit une longue expédition dans les oasis du sud et prouva aux habitants de ces contrées lointaines du Sahara que nous étions en mesure de les atteindre tout aussi sûrement que nous le faisions de leurs frères du Tell.

Enfin, le général Cavaignac, à la tête des troupes de sa brigade, prit part aux opérations qui aboutirent à la reddition d'Abd-el-Kader. L'émir commençait à ne plus trouver d'appui chez les Arabes, fatigués d'une guerre aussi longue ; de plus, il était, depuis quelque temps, en butte aux attaques des Marocains eux-mêmes, qui naguère lui donnaient aide et protection. Le sultan Abd-er-Rhaman s'était enfin décidé à exécuter les clauses du traité qui suivit la bataille d'Isly. Aussi le fils de Mahi-ed-Din, pressé entre les troupes marocaines, qui déjà l'avaient assailli plusieurs fois, et les colonnes françaises, essaya-t-il en vain de fuir de sa personne et de se réfugier dans le Sahara. Il trouva les passages gardés, les cols occupés, et se rendit à Lamoricière. Le duc d'Aumale, venu en toute hâte d'Alger à Nemours, reçut officiellement et publiquement la soumission de l'émir. Abd-el-Kader se montra fort digne, et la présentation, en raison de la gravité des circonstances, de l'importance des personnages, eut un véritable cachet de grandeur.

Le général Cavaignac s'était aussi occupé de colonisation ; il aimait surtout le colon vétéran. Il avait installé sur des terres domaniales quelques soldats libérés dont il avait fait de très-bons colons. A ce propos, nous croyons devoir citer ces belles paroles tirées d'une lettre du général, dont M. Germain a reproduit quelques fragments au milieu d'un travail publié dans le *Moniteur de la colonisation :* « Quant à moi, je ne me sens d'attrait que pour la colonisation par le vétéran. Je vous l'ai dit plus haut, nous avons beaucoup *fait et vu souffrir* le soldat; dans aucune armée, peut-être, il n'a plus souffert. Ce serait un dédommagement et un souvenir consolant réservé pour le jour du repos, que d'avoir contribué à assurer le sort de quelques-uns de nos vieux serviteurs. Il est juste qu'ils possèdent un morceau de cette terre sur laquelle ils ont tant travaillé de toute manière, et, si je réussis pour les miens, aucun souvenir d'Afrique ne me restera plus précieux et plus durable. »

Nos généraux ne rappellent pas assez souvent d'une façon sympathique les souffrances de nos soldats d'Algérie, et l'on doit savoir gré à ceux qui n'oublient pas cette obligation du cœur.

Lors de la révolution de 1848, Cavaignac est nommé en quelques jours général de division, puis gouverneur-général de l'Algérie. Il était loin de s'attendre à des événements aussi brusques et n'y était sans doute préparé qu'imparfaitement. C'est ce qui doit expliquer les quelques faits assez extraordinaires, je l'avoue, pour un gouverneur, qui lui valurent, pendant le court séjour qu'il fit à Alger, le reproche de faiblesse de caractère. Dans les premiers moments d'effervescence, en effet, il se laissa entraîner par quelques chefs de club, à paraître sur la place publique à propos de banquets civiques, d'arbres de liberté, de bonnets phrygiens, etc., et la dignité du gouverneur-général, du commandant en chef de l'armée d'Afrique, fut un peu compromise vis-à-vis de la population indigène au moins. Mais le général ne tarda pas à revenir à ses habitudes premières, et il semblait appelé à continuer glorieusement l'œuvre de ses devanciers, lorsqu'il se rendit à Paris pour remplir son mandat de représentant du peuple, et il ne revint plus en Afrique.

Aux sanglantes journées de juin 1848, Cavaignac, investi du pouvoir dictatorial, eut à réprimer l'insurrection. Ce sont nos Africains qui sauvèrent alors la capitale des mains des insurgés; la plupart se pressèrent autour de Cavaignac, le plus jeune de grade cependant parmi eux, et rivalisèrent de dévouement. Lamoricière, Duvivier, Négrier, Bedeau, Damesme et d'autres moins connus se retrouvèrent, dirigeant des colonnes dans les rues de Paris comme ils le faisaient naguère sur les pentes de l'Atlas. La victoire demeura au gouvernement; mais la lutte coûta beaucoup de sang de part et d'autre, et Cavaignac se fit de nombreux ennemis des deux côtés.

Plaignons les hommes d'épée que les discordes civiles amènent à guerroyer contre une partie de la population. Les mêmes bourgeois peureux qui, sentant le besoin de la force, donnent, au moment de leurs craintes, pleins pouvoirs à un général ou l'excitent à une détermination vigoureuse, sont ensuite les premiers à lui reprocher le sang versé. Nous avons déjà vu à une époque antérieure le maréchal Marmont, entraîné à conclure la capitulation de Paris par un groupe de notabilités financières du parti libéral, être honni ensuite surtout par ce parti (1). Nous ne prétendons point absoudre Marmont de tout reproche. Bien que nous ayons parcouru ce qui a été publié sur la défense de Paris et le mouvement d'Essonne, nous ne sommes

---

(1) Le cas n'est pas le même, en ce sens que l'on a reproché à Marmont de ne s'être pas assez battu, et à Cavaignac d'avoir été amené à une lutte trop sanglante. Mais il y a similitude en ce que tous deux ont défendu des intérêts civils, et que tous deux se sont faits des ennemis parmi les représentants de ces mêmes intérêts et les personnes dont ils ont suivi les inspirations.

On reproche surtout à Cavaignac de n'avoir pas pris des mesures pour prévenir l'insurrection de juin. Mais, s'il eût pris ces mesures indiquées après coup, on lui reprocherait maintenant d'avoir tout fait perdre par son manque de patience, d'avoir exaspéré les masses par des précautions annonçant la méfiance, et poussé, par un imprudent défi, les mécontents à s'insurger.

point encore suffisamment édifié; mais enfin, si le duc de Raguse devait avoir des approbateurs, c'était certainement parmi ces hommes, dont il suivait les conseils, c'était au milieu de cette population qu'il préservait du pillage et des scènes de violence qui se voient habituellement dans une ville prise de force. Et ce fut tout le contraire. S'il était permis de tirer une conclusion de ce qui est arrivé à Marmont, nous dirions qu'un général ne doit jamais se départir de ses devoirs purement militaires lorsqu'il se trouve engagé au milieu des intérêts d'une population civile. Vis-à-vis d'une armée ennemie supérieure en nombre, et dans certaines circonstances, il peut capituler, s'il conserve les honneurs de la guerre; mais s'il a mission de protéger contre l'ennemi une ville comme Paris et s'il veut que ses mânes reposent un jour en paix, il doit résister quand même, faire tuer tous ses hommes jusqu'au dernier, et laisser, en mourant lui-même, la cité exposée à toutes les brutalités des hordes étrangères.

Cavaignac, à la suite des immenses services qu'il avait rendus, obligé de se défendre contre des attaques haineuses, termina un discours fort remarquable, qui étonna tous ses auditeurs, par ces paroles, où l'orateur cède complétement à l'impulsion du cœur, un cœur de soldat : « Expliquez-vous maintenant, dites si vous n'avez entendu traduire à cette barre que le général négligent, incapable, inerte; celui-là a parlé; il prend désormais la nation pour juge. Que, si vous avez voulu dénoncer un ambitieux, un traître qui a cherché à se frayer un chemin au pouvoir, à la dictature, à travers le sang et les ruines, alors parlez, point de ménagements, point de réticences, point d'équivoques. Ce n'est plus mon intelligence qui sera en cause, mais mon honneur ; ce n'est plus l'homme politique qui aura à répondre, mais le soldat ; — et vous l'entendrez ! »

Le général Cavaignac est mort subitement de la rupture d'un anévrisme, le 28 octobre 1857.

IV

MORRIS. — BOUSCARIN

1° MORRIS

C'était en 1844, durant cette campagne sur la frontière du Maroc, qui se termina par la bataille d'Isly. Nous marchions en plein été, dans ces immenses plaines qui s'étendent de Lalla-Maghnïa à Ouchda, et de celle-ci à Thaza ; notre colonne se déployait à l'aise, l'infanterie d'une part, la cavalerie de l'autre. A un certain moment, le maréchal Bugeaud vint à passer à hauteur de mon bataillon ; un colonel de chasseurs d'Afrique l'accompagnait et semblait solliciter un ordre avec instance. Cet officier supérieur, de mine vigoureuse, montait un fort beau cheval, plein d'ardeur, les naseaux gonflés et dilatés, respirant bruyamment, l'œil en feu, crinière et queue au vent. Le cavalier maintenait de la main sa monture ; mais celle-ci, bondissant et se pliant tour à tour par des mouvements pleins de souplesse et d'énergie à la fois, semblait comprendre que le moment était venu de déployer toute sa valeur, et que la main qui la retenait ne tarderait pas à lui laisser le champ libre.

Aux instances de l'officier, nous entendîmes le vieux maréchal répondre doucement : « Pas encore, Morris, pas encore. » Enfin, le groupe entier nous dépassa; puis nous vîmes le colonel s'élancer et disparaître dans un nuage de poussière. Il avait enfin obtenu l'ordre de charger, il allait fondre sur les groupes ennemis, et opérer ce mouvement en avant que les Arabes peignent si bien par cette expression : « *A la nage, à la nage !* »

Parmi les militaires de l'infanterie qui virent ainsi partir le colonel Morris, il n'en est pas un qui ne désirât un moment d'être cavalier. Mais le plus souvent, cependant, c'est la cavalerie qui envie le sort de l'infanterie ; car celle-ci a vingt occasions pour une de combattre ; partout et toujours elle est en mesure de donner. Toutefois, pendant la campagne du Maroc, que nous venons de rappeler, la cavalerie joua un rôle important et eut très-souvent affaire avec les hordes ennemies. Il me souvient qu'elle nous ramena un jour, parmi les prisonniers, un indigène blessé, lequel disait naïvement à ceux d'entre nous qui recherchaient les

occasions de s'entretenir avec les Arabes : « C'est une
« fatalité, c'était écrit, il en sera toujours ainsi. J'étais
« cependant bien prévenu...; déjà, il y a quelques an-
« nées, dans la Mitidja, un jour de poudre, j'entendis
« crier : *Sabre main !* et aussitôt je reçus une blessure
« sur la tête, et j'étais pris. Aujourd'hui encore, j'ai
« reconnu cette exclamation : *Sabre main !* et je me
« disposais à changer de direction ; mais instantané-
« ment j'ai reçu le coup que vous voyez, et j'ai été saisi.
« Qu'est-ce donc que ces mots : *Sabre main,* sont-ce
« des invocations au démon ? Toujours ils me causent
« malheur. »

Mais revenons à l'officier général qui nous occupe, et qui est parmi ses émules celui qui a fourni d'une manière continue la plus longue carrière dans la cavalerie régulière de notre armée d'Afrique. Rappelons en quelques lignes ses brillants états de service.

MORRIS (Louis-Michel) est né à Canteleu (Seine-Inférieure) le 27 septembre 1803. Il est entré à Saint-Cyr en 1821, en est sorti sous-lieutenant de cavalerie au mois d'octobre 1823. Lieutenant le 4 juillet 1830, il fut appelé comme capitaine au 3e chasseurs d'Afrique à la fin de 1832. C'est dans notre colonie algérienne que nous allons le voir gagner tous ses grades, jusqu'à celui de général (1848).

Peu après sa nomination de capitaine, Morris débutait bravement, et se faisait remarquer au combat des Merdès, dans la province de Bône (1833). L'année suivante, il était encore l'objet d'une citation pour sa conduite devant Bougie. Lors de la désastreuse retraite de Constantine, le capitaine Morris fut de nouveau signalé à l'ordre de l'armée, et il ne tarda pas à être nommé chef d'escadron au 1er chasseurs d'Afrique. Au mois de mai 1840, il assistait à l'expédition dirigée sur Médéa, en passant par ces positions de Mouzaïa, qui ont vu tant de combats sanglants et glorieux pour nos soldats. Lieutenant-colonel, la même année, au 3e, puis plus tard au 4e chasseurs d'Afrique, Morris joua un rôle important à la prise de la zmala d'Abd-el-Kader, à Taguin (mai 1843).

Le duc d'Aumale, qui commandait, au mois de mai 1843, une colonne légère à la poursuite d'Abd-el-Kader, avait, le 16 de ce mois, pris avec sa cavalerie, composée de six cents chevaux seulement, une avance de plusieurs lieues sur son infanterie, lorsqu'on vint lui annoncer que la zmala était là, à la source de Taguin, à un kilomètre au plus, derrière un pli de terrain qui la cachait encore à sa vue. La situation était perplexe. Attendre l'infanterie était imprudent, car on ne pouvait tarder à être découvert; on n'avait même pas été vu plus tôt parce que la surveillance de l'ennemi s'exerçait de tous les autres côtés, excepté celui par lequel les Français arrivèrent. Ceux-ci, par suite de recherches infructueuses en divers sens, venaient du Sud au moment où ils approchèrent de la zmala, et ce cas était difficile à prévoir pour les indigènes. Attendre l'infanterie était impossible, avons-nous dit; retourner sur ses pas, c'était laisser le temps à l'ennemi de fuir de nouveau. Le commandant de la petite troupe française se décida à charger vigoureusement et à profiter du trouble que ne pouvait manquer d'occasionner son apparition subite. La cavalerie fut divisée en deux groupes : l'un prit à droite, sous le commandement de Morris, et l'autre à gauche, sous la direction de Iusuf, et l'on pénétra dans la zmala. Cet immense camp arabe renfermait au moins vingt mille âmes, dont quatre à cinq mille guerriers. Nos cavaliers firent une trouée, et chassèrent devant eux trois mille prisonniers, des troupeaux considérables, après avoir tué un grand nombre d'individus parmi ceux qui se défendaient les armes à la main, pris des drapeaux, et saisi quelques personnages importants de l'entourage de l'émir.

Nommé colonel du 2ᵉ chasseurs d'Afrique au mois d'août suivant, Morris se trouva de nouveau aux prises avec les cavaliers de l'émir, le 22 septembre de la même année. Ce jour-là, le général Lamoricière, ayant appris que l'émir se trouvait assez près de lui aux marabouts de Sidi-Yousef, mit aussitôt sa colonne en marche de ce côté, et fit prendre les devants à la cavalerie sous les ordres du colonel Morris. Celui-ci, après une longue marche, se trouva tout à coup en présence de l'ennemi, qui était prêt à combattre. L'émir avait quelques centaines de fantassins réguliers, et environ cinq cents cavaliers. Le colonel Morris ne comptait derrière lui que trois cent cinquante chevaux; il n'en prit pas moins la résolution de combattre sans attendre l'infanterie. Il divise aussitôt sa petite troupe en deux fractions; à la tête de l'une, il attaque les cavaliers de l'émir, et il donne mission au capitaine de Cotte de charger avec l'autre les fantassins arabes. Les deux tentatives furent repoussées malgré la vigueur de nos soldats. La position devint un moment fort critique. C'est dans cette occasion que le trompette Escoffier fit preuve d'un si généreux dévouement, en offrant son cheval à M. de Cotte, qui venait d'être démonté. Les cavaliers français, après s'être ralliés, recommencèrent leurs attaques, et l'infanterie survenant, les chances du combat tournèrent complétement en notre faveur. Morris venait de l'expédition de la zmala, il ne connaissait pas l'extrême vigueur des vieux réguliers d'Abd-el-Kader, qui, ce jour là, furent très-habilement conduits par le fameux Ben-Allal-Ben-Embarek.

L'année suivante (1844), le colonel Morris et ses chasseurs faisaient partie de l'armée qui manœuvra pendant plusieurs mois sur la frontière marocaine. C'est pendant cette campagne qu'eut lieu l'épisode que nous avons rappelé au commencement de ce récit.

A la bataille d'Isly, Morris prit une large part dans les événements de la journée. Il commandait, on le sait, une des deux colonnes de cavalerie de l'armée, et il eut ordre de diriger l'action de ses cavaliers, au nombre de six cents environ, sur la partie droite du champ de bataille. Il conduisit la charge avec son ardeur habituelle ; mais des masses compactes de fantassins et de cavaliers, que l'on estime à six mille au moins, mirent un instant ses escadrons en danger. Le général Bedeau prescrivit à temps une manœuvre qui eut pour but de dégager notre brave cavalerie, et les charges recommencèrent de plus belle, toujours couronnées d'un plein succès.

A la fin de l'année 1847, le colonel Morris quittait enfin ces chasseurs d'Afrique à la tête desquels il était habitué à combattre depuis si longtemps, et il était nommé maréchal de camp. Mais avant de continuer à suivre le nouveau général dans son heureuse carrière, résumons en quelques lignes l'histoire de ces vaillantes troupes de cavalerie dont on trouve le nom inscrit à chaque page de nos annales algériennes.

L'armée française, qui débarqua à Sidi-Ferruch en 1830, avait, en fait de cavalerie, deux escadrons du 17ᵉ et un escadron du 13ᵉ chasseurs. Ce fut là l'origine des chasseurs d'Afrique. Sous le duc de Rovigo (1832), le 1ᵉʳ régiment se forma à Alger, et le 2ᵉ à Oran. Chacun de ces corps dut recevoir des cavaliers indigènes, qui étaient réunis en escadrons particuliers. En février 1833, le 3ᵉ chasseurs d'Afrique s'organisa à Bône avec les 7ᵉ et 8ᵉ escadrons du 1ᵉʳ chasseurs comme noyau. Enfin, dans l'année 1840, un 4ᵉ régiment de chasseurs fut formé à Bône, mais envoyé presque de suite dans la province d'Oran. Au moment de la formation du régiment des chasseurs à cheval de la garde, le 4ᵉ chasseurs d'Afrique a été licencié, et il n'y a plus aujourd'hui en Algérie que trois régiments de chasseurs d'Afrique, un par province.

Ainsi que nous l'avons dit, ces braves troupes ont assisté à presque tous les événements importants de notre guerre avec les Arabes ; nous ne pouvons résister au désir de rappeler les faits qui nous ont paru les plus saillants au milieu de tant d'actions mémorables.

Le 6 août 1833, le général Létang était sorti d'Oran avec un détachement d'infanterie et de chasseurs d'Afrique, pour faire une tournée qui ne devait durer qu'un jour. Le but de la sortie avait été atteint ; mais, au retour, nos troupes furent attaquées par de nombreux ennemis. Pour comble de malheur, nos fantassins, harassés de fatigues, exaspérés par un *sirocco* très-violent et très-chaud, étaient dépourvus de provisions. De plus, les Arabes incendièrent les herbes desséchées de la plaine tout autour de la colonne, et l'on peut s'imaginer quelles durent être les souffrances de nos soldats. Arrivés au point que l'on appelle *le Figuier*, où se trouve un peu d'eau croupissante, les fantassins refusèrent d'aller plus loin, quelques-uns jetèrent leurs armes ; la plupart étaient dans un état voisin de la folie. Émus des infortunes de l'infanterie, les chasseurs prennent la résolution de la sauver ou de mourir avec elle. Aussitôt ils entourent les débris du détachement d'infanterie, et arrêtent l'ennemi par leur contenance. Pendant ce temps, des secours et des provisions étant arrivés d'Oran, la petite colonne fut complétement sauvée.

Le 2ᵉ chasseurs était à l'expédition de Mascara (1836). Le 3ᵉ chasseurs faisait partie de l'armée qui essaya de prendre Constantine à la fin de la même année, et l'on sait que le retour de cette colonne mit nos soldats à de rudes épreuves. Pendant ces premières années, de petits détachements de chasseurs avaient eu de nombreux engagements, soit dans la Mitidja, soit dans la plaine de Bône, surtout autour de Dréan, soit enfin dans les environs d'Oran. Le 16 mai 1843 eut lieu l'affaire de Taguin, la prise de la zmala, dont nous avons déjà parlé, et qui fut l'œuvre d'une poignée de cavaliers. Pendant ce même mois de mai, le 2ᵉ chasseurs voyait un de ses détachements soumis à des épreuves fort glorieuses pour son drapeau. Le combat de Sidi-Rached est digne d'être cité comme exemple aux hommes de guerre. En voici les principaux épisodes. Cinquante chasseurs, sous le commandement du capitaine Daumas (frère du général E. Daumas), et qui faisaient partie d'une colonne en opération chez les Flita, s'étaient un peu trop avancés dans la plaine. Ils furent enveloppés par plus de mille cavaliers, et réussirent avec peine à se réfugier sur une éminence qui est occupée en partie par le marabout de Sidi-Rached. Là, le capitaine Daumas prescrivit à ses cavaliers de mettre pied à terre et de se défendre en fantassins, et il dut avoir recours à la plus grande énergie pour faire exécuter sa volonté.

Pendant ce temps, un autre détachement de soixante chasseurs, dirigé par le capitaine Favas, était également assailli par des masses ennemies. Toutefois, il était plus près de l'infanterie et pouvait la rejoindre; mais il aima mieux se réunir à ses camarades de Sidi-Rached. L'infanterie vint plus tard délivrer ces valeureux cavaliers, qui avaient, on le pense bien, éprouvé des pertes cruelles. Six officiers sur sept avaient été touchés; vingt-deux chasseurs avaient été tués et trente blessés.

Nous avons vu la part que la cavalerie eut l'année suivante (1844) à l'expédition du Maroc. Au mois de septembre 1845, aux abords de ce même pays des Flita dont nous venons de parler, le 4e chasseurs était attaqué à son tour par un ennemi très-supérieur en nombre. Il perdait son lieutenant-colonel, M. de Berthier, et ne ramenait son cadavre qu'à la suite des plus vigoureux efforts. A la fin de décembre de la même année, une colonne de cavalerie, commandée par Yusuf, surprenait à *Tamda* les cavaliers de l'émir, après une marche excessivement longue et fatigante, à tel point que nos chasseurs et spahis ne purent aborder l'ennemi qu'au pas. Les années qui suivirent, des colonnes légères, composées en grande partie de cavalerie, parcoururent souvent le Sahara algérien, conduites par Yusuf.

Au mois de mai 1852, à Mlili, dans le sud de la province de Constantine, le faux chérif, Mohammed-ben-Abdallah, avait réuni des contingents très-nombreux.

Une poignée de chasseurs du 3ᵉ, sous l'impulsion du commandant Collineau, les chargea avec impétuosité, et parvint à les disperser, non sans perdre toutefois une bonne partie de son effectif.

Enfin, l'on sait que lors de l'expédition de Crimée les chasseurs d'Afrique seuls conservèrent leurs chevaux en bon état, malgré les rigueurs de la température. Dans la dernière guerre, en Italie, ils ont fourni plusieurs charges heureuses; et, plus récemment encore, sur la frontière du Maroc, le général Durrieu exécutait, à la tête de divers détachements de notre cavalerie d'Afrique, une série de coups de main qui rappellent la journée de Taguin, la prise de la zmala de 1843.

La cavalerie d'Afrique est excellente, parce qu'elle se monte à l'aide de chevaux du pays, lesquels sont de bonne race et parfaitement dressés, dans les tribus, aux fonctions qu'ils doivent remplir; parce que ses hommes sont recrutés parmi les volontaires des troupes de France qui sont déjà exercés, et qui manifestent le désir de servir en Algérie; parce qu'elle fait souvent des marches et des expéditions qui la maintiennent dans les habitudes qui sont celles d'une bonne cavalerie de guerre. Des officiers des troupes à cheval stationnées en Europe exposent parfois leurs inquiétudes au sujet de la cavalerie, qui semble devoir se trouver de plus en plus dans des conditions d'infériorité vis-à-vis des autres armes. Il était question naguère, dans les pages du *Spectateur militaire*, du travail d'un officier de cavalerie qui se plaint amèrement de l'état de choses actuel et fait appel à un réformateur intelligent. Je ne crois pas, pour mon compte, qu'un général ou un ministre aussi habile que l'on veuille puisse détruire les causes qui rendent notre cavalerie peu propre à mener, dès son entrée en campagne, de ces entreprises que l'on peut espérer de certaines masses équestres. Les populations de la France, comme celles de la plupart des contrées de l'Europe, ne montent pas à cheval; elles fournissent donc à la cavalerie des conscrits entièrement neufs sous le rapport de l'équitation. Les chevaux achetés par la remonte sont également élevés dans des habitudes différentes de celles qu'ils devraient avoir une fois en campagne. Ainsi, notre cavalerie et la plupart de celles de l'Europe se composent d'hommes et de chevaux qui arrivent au service complétement neufs pour les fonctions qu'ils sont appelés à remplir. D'autre part, les exigences de la vie de garnison, la situation du territoire, qui ne laisse, en fait d'espaces libres, que les routes et les champs de manœuvre, ne sont pas faites pour donner une grande expérience au cavalier. Il n'y a donc que de longues guerres qui pourraient nous fournir, sur le continent, une excellente cavalerie. Hors de là, nous ne voyons que certains peuples, tels que les Arabes, les Cosaques, les Tatars, les habitants des steppes asiatiques, qui puissent être constamment en mesure de présenter des masses de bons cavaliers.

Les chasseurs d'Afrique, en outre des conditions générales qui font d'eux des cavaliers exceptionnels, ont réalisé de grands progrès sous le rapport des détails de harnachement, d'équipement, d'armement. Dans le principe, une partie d'entre eux étaient armés de la lance. On y a renoncé, probablement parce que cette arme est incommode dans les sentiers étroits, escarpés et fourrés que nos escadrons ont souvent à franchir en Algérie. Nos chasseurs ont actuellement le sabre à la ceinture, le fusil de dragon en bandoulière et un pistolet dans la fonte gauche. La selle, très-simplifiée, est placée à nu sur le dos du cheval. Le cavalier porte, comme habillement, en campagne, la casquette, la cravate, la veste d'écurie, la blouse de toile grise et le pantalon ample. Il a dû modifier tout ce qui concerne son installation au bivouac et le transport de ses provisions, pour se conformer à la volonté du maréchal Bugeaud, qui, avons-nous dit, s'empressa de débarrasser les colonnes de tous les convois de prolonges, et voulut cependant que le soldat supportât moins de privations que par le passé. En conséquence, le chasseur d'Afrique porte, comme le fantassin, le sac de campement, dont il fait un fragment de tente. Il a sur le devant de la selle, aux côtés du manteau roulé, une hache ou un piquet de campement, et deux musettes qui contiennent divers ustensiles indispensables. A l'arrière de la selle se trouve une grande besace, qui pend de chaque côté du cheval. Elle contient quatre jours d'orge pour le cheval, deux rations de vivres pour le cavalier, et deux rations dans un petit sac cacheté qui ne doit être ouvert que sur l'ordre du commandant de la colonne. A l'arrière de la selle se trouvent encore, autour et aux côtés du trousse-étrier, la corde à fourrages, la poche à fers, la faucille. Le porte-manteau est rempli d'orge; toutefois on place dans ses coins quatre paquets de cartouches. Nous avons omis de dire que le cavalier a une cartouchière qui renferme deux paquets de cartouches. Les hommes font ordinaire par dix. Ils portent, à tour de rôle, sur le devant de la selle, la marmite, la gamelle ou le bidon. Ces ustensiles ont chacun leur étui, et sont habilement disposés, au moyen de courroies, sur la partie antérieure de la selle. Enfin, le cheval est chargé, quelquefois, de chaque côté de la selle, de botillons de foin.

Tout cela semble devoir beaucoup alourdir notre cavalerie africaine; il n'en est rien cependant. Les hommes sont assurés d'avoir sous la main tout ce qui leur est nécessaire, et d'habitude, dans les expéditions, il y a toujours de longues marches à faire avant de se trouver sur le terrain même où les luttes guerrières doivent avoir lieu. Dans ce dernier cas, c'est-à-dire lorsque les cavaliers ont à parcourir l'espace aux vives allures, et à livrer un combat, ils déposent tous leurs impédiments en un lieu, qui est gardé, jusqu'au retour, par l'infanterie. Ils se présentent alors avec tous leurs avantages, et bataillent à leur aise. Plus rien ne les embarrasse dans leur équipement ou leur armement ; ils sont bien différents de ces cavaliers dits légers que l'on rencontre dans les garnisons de France, qui paraissent aux observateurs venant d'Afrique si lourds, si empêtrés, si inquiets lorsqu'ils doivent forcer l'allure, et qui semblent toujours souffrir de quelque chose de gênant, soit dans les habits, soit dans la disposition des armes, soit par les mouvements du cheval lui-même.

Ici se présente l'occasion de rappeler quelques points d'une discussion qui a passionné, à diverses reprises, quelques esprits militaires. Après les rudes campagnes de 1840 et de 1841, les Arabes ne soutinrent plus guère la lutte contre nous qu'avec de la cavalerie. Nous avions beaucoup à marcher pour les atteindre, et souvent ils nous échappaient. Dès lors, quelques officiers soutinrent que nous ne devions, nous aussi, n'employer que de la cavalerie, afin d'avoir des colonnes plus légères, et de joindre plus souvent les groupes hostiles. Cette opinion est spécieuse ; le maréchal Bugeaud la réfutait souvent, au milieu de ses officiers, avec sa lucidité habituelle. En effet, il n'y avait aucune comparaison à établir entre les partisans de l'émir et nos troupes. Les cavaliers ennemis n'avaient rien à redouter des populations du pays; ils pouvaient passer partout, dans les défilés, aux gués des rivières, etc., sans être inquiétés. De plus, ils n'avaient pas besoin de convois ; ils laissaient leurs hommes et leurs chevaux blessés dans les douars ; ils trouvaient partout des approvisionnements, ils savaient où étaient les silos, les dépôts de blé, d'orge, etc.

De notre côté, nous avions à agir dans un terrain qui est composé, en grande partie, de montagnes, et l'on sait que, pour passer d'une vallée dans une autre, à travers un col, en présence de populations hostiles, un chef prudent doit faire occuper les positions dominantes par de l'infanterie. En outre, une colonne de cavalerie eût été obligée d'avoir une ambulance pour ses blessés et ses malades, par conséquent des mulets conduits par des hommes à pied. Or, une troupe à cheval qui a au milieu d'elle des fantassins qu'elle ne veut pas abandonner, est dans l'obligation de régler sa marche sur le pas de ces derniers. Elle est alors retardée par un petit nombre d'hommes à pied, tout autant que par une plus grande quantité. Ce n'est pas tout; la cavalerie, opérant seule, se fatiguerait beaucoup pour la garde de son bivouac, l'escorte de son convoi, de son troupeau, pour le service des avant-postes, des grand-gardes, des embuscades, etc. Elle serait très-promptement réduite de nombre. Ce qui paraît le plus rationnel, c'est de détacher de la colonne la cavalerie lorsque besoin en est, de l'alléger alors le plus possible, et de la laisser, dégagée de toute entrave, accomplir quelque coup hardi et rapide, qui ne demande pas plus de vingt-quatre heures pour être consommé. Il arrive même, dans ce cas, on en a vu plusieurs exemples dans notre histoire algérienne, que la cavalerie, sans l'appui immédiat de l'infanterie, ne remporte que des succès la plupart du temps incomplets.

Les grandes plaines du Sahara paraissent cependant convenir bien plutôt aux troupes à cheval, et nos gouverneurs n'ont pas méconnu cette particulariré. Là nous avons vu souvent des colonnes, composées presque entièrement de cavalerie, parcourir le pays en tous sens. L'infanterie, qui leur est toujours nécessaire, comme nous l'avons vu, était en proportion moindre et montée sur des mulets. Des dromadaires portaient les bagages et les provisions.

Nous avons laissé le général Morris maréchal de camp en 1847. Il servit encore en Algérie jusqu'au milieu de 1848. A cette époque, il fut appelé à Paris. Il commandait une brigade de cavalerie dans le corps expéditionnaire de Rome (1849-1850). A la fin de 1851, il devint général de division. Il a depuis eu sous ses ordres la division de cavalerie de l'armée d'Orient, puis la division des troupes à cheval de la garde impériale. C'est en cette dernière qualité qu'il a fait récemment la campagne d'Italie.

Nous n'avons point à examiner ici le rôle du général Morris dans ces dernières guerres. Il échappe à notre appréciation, et en parler nous obligerait à sortir du cadre que nous nous sommes imposé. Nous n'avons surtout choisi cet officier général pour personnifier la cavalerie française en Algérie, que parce qu'il nous a paru avoir sur ses émules l'avantage d'être resté longtemps dans les chasseurs d'Afrique, et de s'être montré avec eux dans de nombreux faits d'armes.

Le général Morris est grand et vigoureux. Il me souvient d'avoir entendu raconter en Afrique que lorsqu'il était capitaine il engagea un jour un combat singulier avec un des cavaliers ennemis dont l'extérieur herculéen annonçait une grande vigueur. Les deux adversaires fondirent l'un sur l'autre, et furent renversés tous deux par le choc. La lutte n'en continua pas moins ; les deux combattants s'enlacèrent en présence des troupes ennemies, qui n'osaient intervenir de peur de tuer leur champion, et restèrent simples spectatrices. Enfin le capitaine Morris parvint à mettre à mort le porteur de burnous, aux applaudissements des chasseurs. Je me rappelle confusément ce récit, et ne saurais préciser le lieu, l'occasion, ni les autres détails ; ce qui m'en est resté, c'est que le général Morris a non-seulement la tête du chef, mais qu'il a aussi le bras du simple combattant, et qu'il est en mesure de soutenir avec avantage une lutte personnelle. C'est là le côté par lequel on aime à le mettre en relief parmi nos célébrités africaines. Il a de plus les qualités du cœur, qui le font aimer de ses inférieurs autant que de ses égaux ; nous l'avons toujours entendu citer comme s'étant attaché dans l'armée de nombreuses sympathies. Les populations civiles de l'Algérie l'avaient également en grande affection ; c'est ainsi que pendant la durée d'un commandement qu'il exerça dans une des grandes cités de la colonie (je tiens ceci d'un ecclésiastique), il était à chaque instant prié de tenir des enfants sur les fonts baptismaux. La plupart des colons s'adressaient à lui dans une circonstance aussi délicate, et c'est un témoignage de plus que les fonctionnaires de l'armée ne sont pas, pour la plupart, ce qu'une certaine presse cherche à faire croire, de terribles croquemitaines.

2° BOUSCARIN.

Le 4 décembre 1852, au milieu des troupes françaises qui attaquaient, en plein Sahara, la ville de Laghouat, un général venait d'être frappé d'un coup de feu au genou, et on le portait à l'ambulance. Sur le parcours de la généreuse victime, les soldats émus présentaient spontanément les armes, car le nom de Bouscarin courait dans les rangs, et tous connaissaient le noble cœur de ce brillant officier, l'un des plus étroitement attachés à notre armée d'Afrique. C'était, en effet, le général Bouscarin qui venait d'être blessé au moment où il organisait des moyens d'attaque sur un des côtés de la ville à prendre. La blessure était fort douloureuse ; on espéra cependant un moment la guérir sans avoir recours à l'amputation, mais celle-ci fut décidée et entreprise le 19 décembre. Le patient ne put la supporter, il expira le jour même.

Rappelons en quelques lignes la carrière tout africaine de cet homme de guerre, qui n'a pas quitté l'Algérie depuis le commencement de la conquête (1830) jusqu'au moment où il est mort (fin 1852), et dont les restes reposent encore sur le terrain illustré par nos armes.

Bouscarin (Henri-Pierre) est né à la Capesterre (Guadeloupe) le 9 novembre 1804. Il a été élève de l'École polytechnique de 1823 à 1825, et en est sorti officier du génie. Lieutenant en 1828, il faisait partie de l'armée d'Afrique (1830), assistait aux premiers combats livrés par nos troupes sur le sol de l'ancienne Régence, et était décoré de la Légion d'honneur, quoique bien jeune encore, à la fin de 1831.

Nous le trouvons capitaine l'année suivante, et occupé parmi quelques-uns de nos officiers d'élite à apprendre la langue du pays, à s'initier aux mœurs des indigènes, à rechercher tous les moyens possibles de rapprochement avec les représentants d'une race qui déjà intéressait puissamment ses vainqueurs. Bouscarin poussait jusqu'à la passion l'étude de tout ce qui était arabe, et le goût de la fréquentation des gens du pays, des cavaliers belliqueux et chevaleresques, bien entendu, et non point des Maures citadins, amollis et corrompus, qui eurent malheureusement trop d'importance dans les conseils de nos premiers commandants en chef. Ce penchant bien prononcé du capitaine Bouscarin pour les Arabes le désignait tout naturellement pour un emploi dans les troupes indigènes : aussi, en novembre 1836, était-il attaché aux spahis réguliers d'Alger. Quelques mois auparavant, le 30 mars 1836, il avait reçu au combat de Mouzaïa une balle dans les reins, blessure dont il fut toujours fort incommodé.

Le 24 mai 1837, le capitaine Bouscarin, qui commandait à Mered, apprenant qu'un parti ennemi attaquait le blockauss des Ouled-Aïche, marcha contre lui à la tête de ses spahis et le contraignit de se retirer en le poursuivant avec vigueur. L'année précédente, dans les environs de ce même blockauss, une reconnaissance française d'une centaine de cavaliers avait été assaillie par un gros d'Arabes et avait perdu dix-sept hommes, dont trois officiers. En juin 1837, le capitaine Bouscarin se fit encore remarquer dans une entreprise contre les Hadjoutes, et, l'année suivante, il reçut le grade de chef d'escadron. Au mois de novembre 1839, les spahis d'Alger ayant été supprimés, le nouveau commandant passa au 1er chasseurs d'Afrique, qui, du reste, reçut dans ses rangs, comme nous l'avons dit, des cavaliers indigènes composant des escadrons à part. Le commandant Bouscarin assistait aux combats des 14 et 15 décembre 1839, et au beau fait d'armes de l'Oued-Lalleg, le 31 du même mois. Ce dernier succès, dû principalement à l'impétuosité du colonel Changarnier et à la vigueur de la cavalerie dirigée par le colonel de Bourjoly, vint fort à propos rendre à nos troupes l'ascendant moral que de récents désastres leur avaient fait perdre. Les Arabes eurent trois cents hommes tués, et ils laissèrent entre nos mains deux drapeaux et un canon.

Bouscarin fit partie de la plupart des expéditions qui eurent lieu en 1840, et notamment de la marche sur Miliana, qui est du mois de juillet de la même année. Il venait d'être nommé lieutenant-colonel du 1er chasseurs d'Afrique, lorsqu'il assista, le 1er juillet 1842, à l'affaire de Aïn-Tesemsil, au sud de l'Ouarensenis. Cette rencontre est tout entière une action de cavalerie. Nos chasseurs, commandés par le colonel Korte, saisirent, après un court engagement mené avec une grande vigueur, quarante mille têtes de bétail et trois mille prisonniers de tout âge et de tout sexe. C'était une des premières et rares occasions dans lesquelles nous ayons recueilli des résultats positifs et fructueux contre un ennemi qui nous échappait toujours. La même année, le lieutenant-colonel Bouscarin passait avec son grade aux spahis, et assistait, en cette qualité, au combat du Haut-Riou (1843). L'année suivante, il était appelé dans la province de Constantine, et faisait partie de l'expédition contre les Ouled-Soltan, dans les environs de Biskra. Enfin, lorsque les spahis furent réorganisés en trois régiments, au mois d'août 1845, il devint colonel, commandant le 3e régiment, dans la province de Constantine. Il était à la tête d'une fraction de ce corps dans cette colonne qui eut tant à souffrir du froid et d'une tempête de neige, au milieu du Hodna, en janvier 1846. Il assista depuis à tous les combats livrés en mai et juin 1849 contre les Kabyles. Deux ans plus tard, il faisait partie de la colonne qui eut à opérer pour dégager les environs de Collo et de Djigelli, et il était enfin nommé général à la fin de 1851.

Bouscarin quitta avec regret une troupe qu'il aimait, et dont il était fort aimé. Les Arabes du pays, même étrangers au service militaire, connaissaient presque tous *Bou-Chekara* (1) (forme arabe qu'ils avaient donnée au nom de Bouscarin). Ils venaient de loin le consulter, lui demander conseil et appui. Lui, de son côté, prenait plaisir à les écouter, à s'entretenir longuement avec eux. Son habitation, sa manière de vivre étaient

(1) Les Arabes cherchent naturellement à rapprocher nos noms des leurs, et surtout à leur donner un sens qui fixe le souvenir. Ainsi, outre *Bou-Chekara*, qui veut dire l'homme au sac, j'ai eu un camarade, Peltingeas, que les indigènes nommaient *Bou-Lendjass* (l'homme à la poire) ; le commandant Boissonnet était *Bou-Senna* (l'homme à la dent)) ; j'ai entendu appeler le général d'Arbouville *Derbou-Fik* (son coup est dans toi), ou (il a frappé sur toi). D'autres fois, les indigènes, lorsqu'ils se voient dans l'impossibilité de tirer parti du nom d'un de nos chefs, saisissent quelque particularité, et la rappellent dans un surnom. J'ai connu ainsi un commandant, *Aïn Zergâ* (l'œil bleu); le général Baraguey-d'Hilliers, manchot, était surnommé *Bou-Dréâ* (l'homme au bras); Lamoricière, qui portait habituellement une canne, était appelé *Bou-Raoua* (l'homme au bâton); enfin un colonel, depuis général, et dont je tairai le nom, était désigné, dans une contrée qu'il avait administrée, sous le nom peu flatteur de *Fortass* (teigneux), parce qu'il était extrêmement chauve.

tout arabes ; il admettait même volontiers, jusque dans son intimité, quelques jeunes indigènes, dans la société desquels il se plaisait peut-être un peu trop. Il était assez grand de taille, et son teint très-brun ne démentait pas son origine créole. Généreux jusqu'à la prodigalité, il avait dévoré de bonne heure un patrimoine considérable, et s'était vu, par suite, plusieurs fois, pendant ses dernières années, dans de cruels embarras. Ses ressources, du moins, avaient été dépensées plutôt pour les autres que pour lui-même. Bouscarin, doué d'un cœur chaud et affectueux, avait les sentiments les plus opposés à cet égoïsme envahissant qui devient de moins en moins rare parmi nous. Il aimait les cavaliers de son régiment comme ses propres enfants ; il avait attention de leur éviter tout ce qui pouvait leur déplaire ; il élevait très-haut, à leurs propres yeux, l'honneur de porter le burnouss rouge, uniforme des spahis. C'est ainsi qu'il avait l'habitude de faire, à ce sujet, le jeu de mots suivant, qui était répété dans toute la province de Constantine. Les cavaliers qui postulaient leur inscription aux spahis lui demandaient, suivant le langage figuré qu'emploient les Arabes, à porter le burnouss rouge (*burnouss hameur*); hameur ou *heurma* (rouge et *de l'honneur*), ajoutait le colonel Bouscarin, en donnant au second mot une prononciation qui le rapprochait du premier terme. Le burnouss *heurma* (de l'honneur) était devenu proverbial dans les douars.

On s'est décidé difficilement à maintenir l'existence

des corps réguliers de cavalerie indigène. Leur histoire a été fort accidentée pendant les quinze premières années de l'occupation. Réunis d'abord en un petit groupe, sous le nom de chasseurs algériens, puis compris dans les cadres des régiments de chasseurs d'Afrique, les cavaliers indigènes ne tardèrent pas à former de nouveau des corps à part. Des spahis réguliers furent organisés à Alger, à Bône, à Oran, et en même temps des spahis irréguliers ou auxiliaires, soldés, étaient mis à la disposition de quelques chefs arabes et commandants militaires. Puis, sous l'administration du maréchal Valée, qui se souciait peu des troupes indigènes, la suppression des spahis fut de nouveau demandée, ainsi que celle des zouaves eux-mêmes. Les spahis d'Alger furent seuls licenciés et adjoints au 1er chasseurs d'Afrique; ceux de Bône et d'Oran furent maintenus. On en organisa même un nouveau groupe à Sétif. Les spahis auxiliaires reçurent un accroissement en nombre, et dans la province d'Alger un détachement de cavaliers d'élite, pris parmi les indigènes, fut organisé sous la dénomination de gendarmes maures.

Durant les années suivantes, on forma de nouveaux escadrons de spahis réguliers sur divers points du territoire, et enfin, en 1845, toutes ces fractions réunies devinrent trois régiments, fixés chacun dans une de nos provinces algériennes.

La cavalerie indigène a accompagné les chasseurs d'Afrique dans la plupart des expéditions; comme eux, elle a assisté à un grand nombre de combats; elle était, avons-nous dit, à Taguin et à Isly. L'ensemble des escadrons de spahis a eu longtemps pour chef, avant la division en trois régiments, le lieutenant-colonel, puis le colonel Yusuf. Cet officier de cavalerie, remarquable à plus d'un titre, a conduit, de 1843 à 1847 notamment, de longues et pénibles excursions dans le Sahara algérien, et les indigènes entraient toujours en proportion importante dans les colonnes qu'il commandait.

Nous avons fait, à propos des spahis, et pendant notre séjour au milieu de l'armée d'Afrique, des observations que nous demandons la permission d'indiquer. Les officiers de spahis ne sont pas assez choisis parmi les sous-officiers qui annoncent des dispositions particulières pour le service dans les troupes indigènes. Les sous-officiers de notre cavalerie d'Afrique sont nommés sous-lieutenants indistinctement, et suivant les emplois vacants, soit aux chasseurs, soit aux spahis. Il en résulte que de très-bons sujets de la cavalerie française, venant à passer aux spahis, ne songent, pour la plupart, qu'à continuer la carrière de la manière dont ils l'ont commencée, et attachent une trop grande importance à vouloir façonner les cavaliers arabes sur le modèle des chasseurs. C'est là, croyons-nous, une tendance regrettable. Les officiers chez lesquels elle se manifeste le plus vivement répètent d'ordinaire : « On a bien organisé avec des indigènes des bataillons réguliers, qui servent absolument comme nos fantassins de la ligne ; pourquoi ne dresserait-on pas des escadrons de spahis à une similitude complète avec les chasseurs d'Afrique? » Il n'y a aucune comparaison à établir entre les deux cas. Les tirailleurs indigènes n'ont pas d'autre rôle à remplir que celui de soldats combattants. Tout ce qui concerne nos troupes d'infanterie leur est donc utilement applicable. Les spahis, au contraire, ont surtout une mission politique et administrative, au moins dans une partie de la province d'Alger et dans toute la province de Constantine (1). Choisis le plus possible parmi les cavaliers des familles importantes, ils sont continuellement employés à des entreprises qu'eux seuls peuvent mener à bien. Nous ne croyons pas que les spahis puissent jamais valoir les chasseurs sur le terrain de ces derniers, quand bien même on s'efforcerait de les habituer au même genre de vie, aux mêmes manœuvres, au même maniement d'armes, etc. Mais, d'autre part, deux ou trois spahis, choisis, suivant la tribu sur laquelle ils doivent agir, parmi ceux qui réunissent le plus de conditions de succès, peuvent obtenir des résultats que l'on ne pourrait jamais espérer de quelques cavaliers français. Recueillir des impôts ou des amendes, opérer des arrestations, prendre des informations sur des détails administratifs locaux, juger

---

(1) Dans la province d'Oran ce sont surtout les anciennes tribus Makhzen, les Douairs et les Zmélas qui nous rendent journellement des services de ce genre.

de l'état des esprits, renseigner sur les récoltes, les dépôts de grains des indigènes, enfin porter au loin des correspondances pressées et urgentes à travers des tribus douteuses, sont les missions les plus habituelles des cavaliers au burnouss rouge. Elles ont, comme on le voit, leur importance, et l'on comprend facilement que les commandants militaires des cercles et subdivisions tiennent plus à avoir dans un spahi un homme apte au rôle que nous venons d'indiquer qu'un cavalier très-fort sur le paquetage ou le « contre infanterie à droite et à gauche moulinez et sabrez. » Il est bon cependant que des détachements de spahis fassent toujours partie de nos expéditions, qu'ils assistent à tous les faits d'armes dont nos troupes enrichissent nos annales en Algérie. Les cavaliers indigènes ne peuvent que gagner à combattre au milieu de nous ; ils reviennent ensuite dans les tribus couverts d'un nouveau prestige. Mais là même, en campagne, ils ont une aptitude particulière qui les rend très-utiles sans qu'ils puissent être assimilés aux chasseurs. Habitués dès leur bas âge à parcourir le pays à cheval, ils savent se porter rapidement et adroitement à travers tous les obstacles, ravins, bois, rivières, marais, etc. Forcés dès l'adolescence de compter sur eux-mêmes, de se tirer d'une foule de cas périlleux, ils savent interroger l'aspect de la contrée elle-même et les habitants ; ils reconnaissent des vestiges de douars, des traces d'émigrations, des emplacements de silos ; ils sentent, à des indices insaisissables pour d'autres que pour eux, quelles doivent être les dispositions des tribus.

Pour toutes ces considérations donc, les spahis nous fournissent d'excellents éclaireurs, des partisans, des vedettes, ils peuvent, en petit nombre, conduire et escorter des convois, des prisonniers, etc., et il est important de ne pas leur laisser perdre ces qualités par un séjour prolongé dans les casernes, et par la pratique d'exercices fastidieux.

Sous ce double point de vue, le maréchal Randon, au temps où il était gouverneur, a réalisé une très-bonne idée en prescrivant que les spahis seraient répartis le plus possible, par escadron ou fraction d'escadron, dans des zmalas, au milieu des tentes arabes, où ils seraient constamment à la disposition de l'autorité administrative du pays, tout en conservant les habitudes journalières du cavalier arabe. Il reste à désirer encore un choix tout particulier d'officiers pour ces troupes. Si les officiers de spahis parlaient tous l'arabe, s'ils se plaisaient au milieu des indigènes, et étaient tous plus ou moins initiés à l'administration et à la politique des tribus, les services rendus par les trois régiments seraient beaucoup plus grands encore, et les cavaliers des zmalas deviendraient entre nous et les gens des douars des intermédiaires de plus en plus utiles et indispensables.

Nous avons laissé le colonel Bouscarin au moment où il venait d'être nommé général de brigade, et mis à la disposition du gouverneur en décembre 1851. A la fin de l'année suivante, il était chargé du commandement d'une partie des troupes que l'on envoyait dans le Sud, à la conquête du pays de Laghouat. Le chérif Mohammed-ben-Abdallah, le même qui venait d'être battu à Mlili par un détachement de chasseurs, et que l'on appelait aussi le chérif d'Ouargla, parce qu'il avait dans cette dernière place sa principale installation, venait de s'emparer de Laghouat, et paraissait décidé à s'y défendre. De petites colonnes parties de divers points traversèrent le Sahara algérien sous le commandement des généraux Yusuf, Bouscarin, Pélissier, et ayant Laghouat pour point de direction. Une fois réunies sous les murs de la petite cité, au milieu de ses vergers, de ses plantations de palmiers, les troupes passèrent sous le commandement unique du général Pélissier, qui prit aussitôt ses dispositions d'attaque. Le général Bouscarin fut une des premières victimes. Son trépas est de ceux qu'envient tous ces valeureux officiers qui se sont dévoués à notre Algérie. Il est mort des suites d'un coup de feu, en plein bivouac, au milieu de ces soldats, de ces chevaux, de ces tentes, de ces armes qu'il aimait tant, et ses yeux, avant de se fermer, ont pu se fixer une dernière fois sur les lignes si nettes et si pures de l'horizon saharien. Les dernières paroles qu'il a entendues, les derniers objets qu'il a vus n'ont pu que lui apporter, au moment suprême, de douces consolations.

V

DAUMAS

LES AFFAIRES ARABES

Daumas (Melchior-Joseph-Eugène), actuellement général de division et sénateur, est né le 4 septembre 1803. Il est fils d'un officier-général du premier empire. Engagé volontaire dans un régiment de cavalerie en 1822, il devint sous-lieutenant pendant l'année 1827. Détaché comme officier à l'École de cavalerie de Saumur, il s'y fit remarquer par son zèle et son intelligence, et fut nommé capitaine instructeur au 2ᵉ chasseurs d'Afrique, en 1835.

Le capitaine Daumas, peu après son arrivée en Algérie, assista aux expéditions de Mascara et de Tlemcen, dirigées par le maréchal Clauzel, et se livra avec ardeur, dès cette époque, à l'étude de la langue et des mœurs des Arabes. Désigné pour remplir les fonctions de consul français auprès d'Abd-el-Kader, à Mascara, il résida dans cette dernière ville de 1837 à 1839. C'est pendant ce séjour au milieu des indigènes que le jeune capitaine apprit à connaître à fond tous les détails de la vie et du caractère arabes. Aussi fut-il chargé du service des affaires arabes dans la province d'Oran dès la rupture de nos relations avec l'émir et la proclamation de la guerre sainte; mais ces fonctions durèrent peu pour lui, car il fut appelé, dès le commencement de l'année 1841, et avec le grade de chef d'escadron, à la direction des affaires arabes auprès du gouverneur-général, à Alger. Rappelons en quelques pages ce qu'avaient été, jusqu'à cette époque, nos rapports avec les habitants du pays et ce qu'ils sont devenus depuis lors.

Il est pénible de constater aujourd'hui, à l'aide de l'expérience acquise, quelle profonde ignorance présida à nos premières relations avec les indigènes. Des Maures citadins, doués de l'esprit d'intrigue et fort corrompus, surent se faire considérer comme des personnages importants et abusèrent indignement de notre simplicité. On créa, tout exprès pour eux, de hautes fonctions, qui, pour la plupart, n'eurent pas lieu d'être exercées; on les vit entourés d'un certain luxe, se montrer à Paris même, où on les prit naïvement pour de puissants seigneurs, des princes alliés à des maisons souveraines. Ces musulmans, à l'exemple de tous ceux qui vivent dans les villes, n'avaient aucune influence sur les Arabes des tribus, dont ils étaient même fort méprisés. Aussi, le fait seul d'avoir recours à de semblables intermédiaires ne fit que retarder le moment où les habitants de la tente devaient se décider à entrer franchement en relations avec nous.

Dès les premiers jours de la conquête, de jeunes officiers s'étaient, il est vrai, occupés de tout ce qui pouvait les mettre en mesure d'éclairer l'autorité dans ses rapports avec les habitants du pays; mais ils étaient peu nombreux : il leur avait fallu le temps de se former, et ce ne fut qu'en 1832 que le premier bureau arabe s'organisa à Alger. Il était chargé de centraliser les affaires arabes, de réunir les documents, de traduire la correspondance et de transmettre aux indigènes les décisions du commandant en chef. Le capitaine de Lamoricière fut, avons-nous dit, le premier chef de ce bureau. A la fin de 1833, cet officier renonça à ses fonctions pour pouvoir faire partie de l'expédition de Bougie. Il fut remplacé pendant quelque temps par un officier d'ordonnance du général Voirol, puis par M. Delaporte, chef des interprètes. Mais cette dernière combinaison ne put se maintenir : M. Delaporte, homme de cabinet avant tout, ne pouvait monter à cheval et se rendre fréquemment au milieu des Arabes, ainsi que ses fonctions l'exigeaient. Il ne tarda pas à être trouvé insuffisant, et, dès le commencement de l'année 1834 nous voyons figurer comme attaché au bureau arabe le capitaine d'état-major Pellissier, qui, depuis, a écrit les *Annales algériennes* et est devenu directeur des affaires arabes en 1837.

La formation du bureau arabe d'Alger et le soin de sa direction, confié à des officiers, avaient eu aussitôt pour résultat de commencer à ruiner l'influence pernicieuse de ces intrigants dont nous avons parlé, qui n'avaient par eux-mêmes aucune importance, aucune considération, dans les tribus surtout, où ils n'osaient même pas se montrer. L'autorité administrative de la province d'Oran, qui n'eut pas aussitôt son bureau arabe, fut plus longtemps à se débarrasser de l'intermédiaire d'individus dont le commerce habituel ne faisait pas honneur au commandement. Là, des juifs cupides et méprisés des Arabes donnèrent à nos relations avec les indigènes un cachet de mesquinerie, de sordide avidité, qui nuisit singulièrement à l'ascendant moral que nous prétendions exercer. Et cependant, c'était la partie de nos possessions du nord de l'Afrique dans laquelle les affaires arabes avaient en ce moment la plus grande importance. Le jeune émir Abd-el-Kader, proclamé sultan par la population, cherchait à constituer une nationalité arabe. Tous les regards se tournaient vers lui, et, pendant les premières années de notre occupation, les diverses relations fort compliquées qui se poursuivirent entre les chefs français et le fils de Mahi-ed-Din nous montrèrent que le rôle le plus digne ne fut pas toujours rempli par nos représentants.

Sur ces entrefaites, le bureau arabe d'Alger avait déjà rendu, de son côté, d'importants services. L'autorité française était parvenue à s'aboucher directement avec les hommes d'action des tribus, avec les personnages influents par leur naissance, leur fortune ou leur caractère. C'est à ce moment qu'on supprima ce premier essai de bureau arabe; il cessa d'exister le 30 novembre 1835 pour faire place à l'institution renouvelée des Turcs, de l'*agha des Arabes*. Au temps des corsaires, l'un des personnages les plus considérables du gouvernement était l'agha des Arabes, qui avait en mains l'administration, la police, etc., de tous les indigènes des tribus dépendant directement d'Alger, et non comprises, par conséquent, dans les beylicks de Titteri, d'Oran ou de Constantine.

Après la conquête, nous avions essayé, à diverses reprises, de rétablir cette fonction de l'ancien gouvernement, et plusieurs aghas furent nommés successivement, mais sans utilité pour nous. Enfin, au mois de novembre 1835, le lieutenant-colonel Marey, nommé récemment chef des spahis réguliers, officier brave et instruit, parlant l'arabe et possédant de plus un goût très-prononcé pour les mœurs locales, devint agha des Arabes et entra aussitôt en fonctions. Pendant dix-huit mois que durèrent ses attributions, il parcourut sans cesse la Mitidja, examinant les affaires, réglant les différends, ayant recours parfois aux razzias et cherchant à faire prédominer notre autorité autant que possible. Cette organisation avait cependant ceci de défectueux, que l'agha des Arabes, qui séjournait habituellement dans la plaine de la Mitidja, ne pouvait être en même temps auprès de l'autorité supérieure pour l'éclairer sur le détail des affaires courantes. On sentit le besoin de créer une institution qui réunît à la fois le service de l'agha et celui de l'ancien bureau arabe. De là, la création de la *direction des affaires arabes*, du 15 avril 1837. Le commandant Pellissier, que nous avons déjà vu attaché au bureau arabe, fut nommé directeur.

Mais le traité de la Tafna était intervenu, ne laissant sous notre autorité, en fait de population indigène, que les douars de la plaine de la Mitidja et ceux de la banlieue d'Oran. La principale occupation de la nouvelle direction des affaires arabes fut de fournir au gouverneur-général les renseignements relatifs à tout ce qui concernait la violation de notre territoire ou celle du territoire d'Abd-el-Kader. Il avait été convenu qu'il y aurait entre les deux parties du pays une ligne de démarcation infranchissable. Or, chaque jour, cette ligne fictive était traversée par des gens armés. Les tribus de l'émir envoyaient constamment des partis de cavaliers molester nos indigènes, et ceux-ci cherchaient quelquefois à prendre leur revanche. A chaque événement de ce genre, une volumineuse correspondance s'échangeait, et le soin de l'établir incombait à la direction des affaires arabes.

Nous avons dit que, dès son origine, le service du bureau arabe manifesta un grand esprit de bienveillance pour les indigènes. Nous citerons à ce propos les lignes suivantes des *Annales algériennes*, dues au commandant Pellissier, directeur des affaires arabes :

« ...... M. le général d'Uzer avait des ennemis à Bône parmi les Européens. Ces ennemis lui faisaient un crime de sa bienveillance pour les indigènes, car montrer quelque sympathie pour les Arabes, c'est presque une trahison dans l'opinion de certaines personnes. C'est une bien fâcheuse disposition d'esprit que cette haine sauvage qui anime un si grand nombre d'Européens contre des hommes que nous avons tant d'intérêts moraux et matériels à rapprocher de nous. Je l'ai souvent signalée, et je ne cesserai de la combattre... »

Après avoir rempli ses fonctions difficiles pendant près de deux ans, ce même commandant Pellissier crut devoir donner sa démission, pour des motifs tellement honorables qu'on nous pardonnera de les rappeler en quelques mots. Une négresse et son fils, la première, affranchie, le second, esclave d'un des principaux fonctionnaires du gouvernement de l'émir, s'étaient réfugiés à Alger, où ils vivaient de leur travail. Abd-el-Kader les avait réclamés plusieurs fois, et le gouverneur avait prescrit de régler cette affaire selon ce qui paraîtrait le plus juste. En conséquence, le directeur des affaires arabes fit une enquête sérieuse, et, après avoir pris l'avis du procureur général, il fut d'avis que ces malheureux ne devaient pas être rendus. Sur ces entrefaites, Abd-el-Kader ayant eu une entrevue avec M. de Sailes, gendre du gouverneur, insista pour que les deux indigènes en question lui fussent rendus, et le maréchal Valée donna l'ordre de les faire conduire jusqu'aux frontières. Ils furent, en effet, entraînés de force, malgré leurs supplications, et le commandant Pellissier, indigné, se démit de son emploi et de son grade. Un officier qui se sent trop vivement froissé par ses chefs n'a d'autre moyen de protester que de donner sa démission, le commandant Pellissier le comprit ainsi, à son grand honneur. Mais cet exemple n'est que trop rarement suivi à notre époque d'aplatissement des caractères, et il est pénible de le constater, car un peu plus de délicatesse et de sentiment de dignité chez les inférieurs ne pourrait manquer de produire d'heureux effets chez les chefs les plus élevés eux-mêmes.

M. Pellissier cessa d'être directeur des affaires arabes au commencement de 1839. Ses attributions furent jointes à celles de l'état-major général. Le capitaine d'Alonville, qui appartenait à ce service, fut spécialement chargé de s'occuper des indigènes, et il se fit remarquer dans diverses expéditions, à la tête des gendarmes maures, troupe d'élite composée de cavaliers du pays, qu'il conduisait fort brillamment. Enfin, le 16 avril 1841, la direction des affaires arabes fut rétablie et le chef d'escadron Daumas nommé directeur. A ce moment, la guerre était sur tous les points dans les provinces d'Alger et d'Oran ; il fallait battre les Arabes et les soumettre : la direction des affaires arabes ne put qu'aider à la réussite de nos expéditions en rassemblant les indications utiles, fournissant des guides, des convois de bêtes de somme, etc. Mais, dès l'année suivante (1842), alors que les tribus commencèrent à se soumettre, le rôle de cette direction devint plus considérable. Il s'agissait, en effet, de donner une organisation aux peuplades nouvellement soumises, et la situation ne laissait pas que d'être fort embarrassante. Le commandant Daumas, qui avait vu fonctionner le gouvernement de l'Émir, qui avait fréquenté les Arabes et pu se convaincre que l'organisation créée par Abd-el-Kader était celle qui convenait le mieux aux habitants du pays, proposa de ne rien changer pour le moment au système que nous trouvions en vigueur chez les indigènes qui se soumettaient. Le maréchal Bugeaud montra une rare intelligence en discernant le meilleur parti à prendre et en prescrivant de laisser aux tribus leur organisation présente. Cette résolution a été beaucoup critiquée ; mais je n'ai trouvé nulle part une exposition détaillée de ce qui aurait dû être fait de préférence. On s'est borné à dire qu'une organisation qui avait servi contre nous ne pouvait servir pour nous. Mais pourquoi donc? N'est-ce pas là une raison toute spécieuse? Pourquoi les tribus qui se trouvaient bien de leur régime administratif, lorsqu'elles nous étaient hostiles, n'auraient-elles plus pu s'en montrer satisfaites une fois leur soumission faite entre nos mains? Il faut aussi se rappeler, avant tout, les circonstances au milieu desquelles eut lieu successivement la réduction à notre autorité des différentes parties de la population. Notre armée marchait, rencontrait des tribus, les battait et les amenait à composition. On acceptait la soumission; mais que faire ensuite? que prescrire à ces tribus, demandant quelle serait à l'avenir leur situation? Pouvait-on s'arrêter sur chaque point du territoire, y construire un poste, installer diverses administrations, créer des services nouveaux, imposer, en un mot, au pays une organisation complétement nouvelle? Combien nous eût-il fallu de temps pour achever ainsi la conquête? eût-elle même été possible? Nous en doutons, la rapidité et l'ensemble des coups à frapper presque en même temps sur tous les points étant une des conditions du succès. Où étaient les instruments d'un nouveau régime? A peine si nous avions quelques officiers aptes à administrer des indigènes. Et puis, que savait-on des tribus, de leur importance relative, de leur territoire, de leurs affaires intestines, etc.? Les bases d'un système nouveau manquaient complétement. Le mieux, croyons-nous, était d'agir comme on l'a fait;

de dire simplement aux Arabes: « Nous acceptons votre soumission ; vous nous paierez les impôts habituels ; vous conserverez vos coutumes, vos chefs; seulement, ceux-ci devront être investis par nous, et ils rendront compte de leur gestion aux officiers français préposés au commandement des diverses fractions du territoire. Il était sage d'attendre du temps les conditions indispensables pour que nous augmentions le nombre de nos postes, que nous installions dans chacun d'eux des agents qui, mettant à profit la tranquillité du pays, fissent en quelque sorte l'inventaire des tribus, de manière à pouvoir contrôler sérieusement l'administration des chefs indigènes et à substituer peu à peu leur propre influence à celle de ces derniers. C'était à cette époque à venir, où il serait possible d'apprécier la situation en pleine connaissance de cause, qu'il appartenait de voir surgir les changements nécessités surtout par notre désir d'améliorer le sort des indigènes. Le commandant Daumas, en soutenant cet ordre d'idées, rendit un service éminent à l'Algérie. Nul ne saurait dire, en effet, quelles eussent été les conséquences d'une conduite à la fois moins prudente et moins habile. Le maréchal Bugeaud, qui, par son système de guerre, avait rendu possible la conquête de l'Algérie, jusqu'alors fort problématique, ne se montra pas moins intelligent dans la manière dont il comprit la situation des tribus arabes. Voici ce que dit de lui, dans ses *Annales*, M. Pellissier, dont nous avons rappelé l'honorabilité de caractère :

« Dans ses circulaires à ses lieutenants, dans ses arrêtés sur les indigènes...... il tint toujours un langage parfaitement digne de la nation grande et éclairée dont il avait l'honneur de commander les armées. Sans être disposé à la faiblesse envers les Arabes, bien au contraire, il n'affecta point de méconnaître ce qu'il y a de bon dans leur caractère, et domina de toute la hauteur de sa position et de son intelligence les préjugés haineux et déraisonnables pour le moins aussi répandus chez nous que chez eux. »

Et, en effet, nous avons trouvé de nombreuses preuves de justice et de bienveillance pour les Arabes soumis, dans divers documents officiels produits par le maréchal duc d'Isly. En voici quelques-unes :

(Circulaire du 17 septembre 1844.) « Après la conquête, le premier devoir comme le premier intérêt du conquérant est de bien gouverner le peuple vaincu ; la politique et l'humanité le lui commandent également.

« A cet égard, la conquête de l'Algérie se distingue des conquêtes que l'on a faites quelquefois en Europe. Là, quand on gardait une province conquise, on n'avait pas la prétention d'introduire dans son sein un peuple nouveau, on ne voulait pas prendre une partie des terres pour les donner à des familles étrangères, différant de mœurs et de religion.

« En Afrique, au contraire, tous ces obstacles se présentent devant nous et rendent la tâche infiniment difficile. Nous devons donc porter la plus grande sollicitude, la plus constante activité et une patience inébranlable dans l'administration des Arabes.

« Nous nous sommes toujours présentés à eux comme plus justes et plus capables de gouverner que leurs anciens maîtres ; nous leur avons promis de les traiter comme s'ils étaient enfants de la France ; nous leur avons donné l'assurance formelle que nous leur conserverions leurs lois, leurs propriétés, leur religion, leurs coutumes, etc. Nous leur devons et nous nous devons à nous-mêmes de tenir en tout point notre parole.

« Nous avons fait sentir notre force et notre puissance aux tribus de l'Algérie, il faut leur faire connaître notre bonté et notre justice, et leur faire préférer notre gouvernement à celui des Turcs et à celui d'Abd-el-Kader....

« ..... La bonne administration ne doit pas nous dispenser de rester forts et vigilants ; mais il est permis de croire qu'elle nous donnera l'avantage de n'employer la force que rarement. L'uniformité de principes en administration n'est pas moins nécessaire qu'en guerre. C'est au système de guerre adopté et suivi dans toute l'Algérie que nous devons la conquête ; nous la conserverons par un bon système d'administration suivi dans toutes les localités aussi uniformément que possible.....

« La bonne politique exigera peut-être toujours que, dans les emplois secondaires, nous fassions administrer les Arabes par des Arabes, en laissant la haute direction aux commandants français des provinces et des subdivisions; mais, quant à présent, c'est une nécessité, car le nombre des officiers connaissant la langue, les mœurs, les affaires arabes, sera longtemps trop restreint pour que nous puissions songer à donner généralement aux Arabes des aghas et des kaïds français.

« Il faut donc nous servir des hommes qui sont en possession de l'influence sur les tribus, soit par leur naissance, soit par leur courage, soit par leur aptitude à la guerre ou à l'administration.

« La naissance exerce encore un grand empire chez les indigènes; si elle ne doit pas être l'unique cause de notre préférence, elle doit toujours être prise en grande considération. Éloigner du pouvoir les familles influentes serait s'en faire des ennemis dangereux; il vaut beaucoup mieux les avoir dans le camp qu'au dehors. La noblesse arabe a beaucoup de fierté et de prétention; si on l'éloignait des emplois, elle ne manquerait pas de s'en faire honneur aux yeux des fanatiques de religion et de nationalité. Le meilleur moyen de l'annuler et de diminuer son prestige, c'est de la faire servir à nos desseins. Le choix des fonctionnaires doit donc être politique autant qu'administratif. MM. les commandants des provinces et des subdivisions comprendront aisément toute l'importance de ces choix. Ils ne sauraient trop consulter à cet égard l'opinion publique des tribus.....

« ..... Les chefs qui se conduisent bien doivent toujours être accueillis avec honneur et bienveillance par les officiers français, quel que soit leur grade.

« L'Arabe est très-sensible aux bons procédés, et je n'ai eu jusqu'ici qu'à me louer de les avoir employés avec eux. C'est à peine si l'on pourrait citer deux ou trois Arabes ayant répondu aux bons traitements par l'ingratitude.

« Les simples Arabes doivent être traités avec bonté, justice, humanité. Il faut écouter leurs plaintes, leurs réclamations, les examiner avec soin, afin de leur faire rendre justice, s'ils ont raison, et les punir s'ils se sont plaints à tort. C'est par ces moyens qu'Abd-el-Kader s'était acquis un grand ascendant moral et une grande popularité; il était toujours prêt à écouter le dernier des Arabes... »

Et plus loin, à propos de la solidarité des tribus:

« Nous rappellerons à MM. les commandants militaires que, si nous avons dû maintenir la terrible législation de la responsabilité des tribus, comme le seul moyen de maintenir une bonne police dans un pays qui n'a pas toutes les combinaisons multipliées de notre administration civile et judiciaire, ils ne doivent en user qu'avec une extrême modération et lorsque les nécessités politiques ou de sûreté publique sont parfaitement démontrées... »

L'organisation des tribus arabes, à peu près conforme à celle qu'avait établie Abd-el-Kader, était celle-ci : partage du pays en plusieurs grands commandements sous la direction de khalifas ou bach-aghas; dans chacune de ces divisions, des groupes de tribus réunis sous l'autorité des aghas. Enfin, la tribu elle-même était administrée par un kaïd, et les fractions de tribu chacune par un cheikh. Ces fonctionnaires exerçaient, dans de certaines limites et sur la partie de la population qui leur était confiée, les pouvoirs politique, administratif, militaire, religieux, financier. Ils avaient même l'autorité judiciaire pour tous les cas, excepté ceux qui concernent l'état civil ou un intérêt privé, tel que mariage, divorce, succession, et qui étaient dévolus à la décision des kadhis. Encore, l'autorité politique se réservait-elle de se saisir de ces affaires elles-mêmes lorsqu'elles semblaient devoir toucher à un intérêt général. Ces chefs avaient des parts d'impôts et d'amendes, quelques droits de corvée, et ils pourvoyaient, du reste, de leurs ressources, à tous les frais d'administration. Il était difficile de trouver une organisation plus simple, et elle répondait parfaitement à l'état social des Arabes. Le seul souci d'Abd-el-Kader, et le nôtre ensuite, devait être de surveiller les chefs et d'activer chaque jour davantage le contrôle de leurs actes. Certes, ce ne pouvait être là notre dernier mot en fait de régime administratif dans les tribus. Pour notre propre compte, nous sommes on ne peut plus hostiles au maintien des grands chefs, comme on les appelle; nous voudrions qu'un fonctionnaire à burnous ne commandât jamais plus de mille à deux mille tentes, et certains khalifas en ont réuni de quarante à cinquante mille sous leur autorité.

Mais en 1842 ces grands chefs étaient nécessaires. Nous avons été fort heureux de trouver alors des hommes influents, habitués au commandement, qui, par le fait seul qu'ils recevaient de nous le burnous d'investiture, se chargeaient de tenir le pays sans que nous eussions, pour le moment, à nous occuper d'aucuns détails, à nous embarrasser d'aucunes grandes dépenses. Il y avait loin de ces personnages jouissant d'une véritable puissance à ces espèces de beys, d'aghas des Arabes de notre invention, fabriqués à une certaine époque, avec des marchands d'Alger, par nos premiers commandants en chef ou gouverneurs généraux. On sait, en effet, que les intrigants auxquels nous faisons allusion, bien que décorés de titres pompeux, n'avaient jamais pu se montrer hors des villes qu'à la suite de nos colonnes, et n'avaient point réussi à s'installer quelque part.

L'organisation qui fut la conséquence de la soumission des Arabes, a été réglée par arrêté ministériel du 1er février 1844.

D'après cet arrêté, il y eut une *direction centrale* des affaires arabes à Alger, une *direction divisionnaire* dans chacune des trois provinces, un *bureau arabe* au chef-lieu de chaque subdivision et de chaque cercle au fur et à mesure qu'il en serait formé. Les bureaux arabes institués étaient chacun sous les ordres immédiats du commandant militaire du cercle ou de la subdivision. Ils n'eurent aucun pouvoir en propre et ne durent fonctionner que par délégation. C'est là une particularité que l'on a trop souvent oubliée lorsque l'on a fait la critique des bureaux arabes. Toutes les fois, en effet, que l'on a eu à constater de véritables abus, l'on a omis de faire remonter la responsabilité jusqu'aux fonctionnaires sur lesquels elle retombait de droit tout entière. C'est une injustice que nous nous faisons un devoir de signaler.

Mais poursuivons l'exposé de l'organisation créée par l'arrêté du 1er février 1844. Au-dessous des commandants militaires assistés de leurs bureaux arabes, il y eut à la tête des tribus des khalifas, des bach-aghas, des aghas et des kaïds. La province de Constantine eut des khalifas, ainsi que les deux autres provinces, mais on ne lui donna pas de bach-aghas ni d'aghas; elle n'avait jamais été soumise à Abd-el-Kader et n'avait pas eu antérieurement de fonctionnaires portant cette dénomination. Toutefois le rouage existait réellement; ainsi les kaïds de notre province de l'Est sont de véritables aghas, et les cheikhs y ont à peu près la même importance que les kaïds dans l'Ouest.

Le gouverneur général indiqua à cette même époque quelques règles fort simples pour tout ce qui concerne les impôts, les amendes, la police des tribus, les forces militaires mises à la disposition des chefs indigènes, etc. Quelques anciennes impositions, qui n'avaient aucun caractère d'utilité publique, furent supprimées. Enfin il ressort du travail établi par ordre de M. le maréchal Bugeaud, que celui-ci n'entendait fixer à l'organisation des tribus que son point de départ. Il comptait sur l'expérience à venir pour modifier ce qui serait jugé nécessaire d'être changé. Et, en effet, la situation de 1844 s'est considérablement améliorée pendant les années qui ont suivi, jusqu'à l'époque actuelle. Le nombre des subdivisions, des cercles et des annexes a été augmenté; en revanche, celui des grands chefs indigènes a été restreint. Nous avons dit que, selon nous, ces progrès étaient dans la pensée des organisateurs de 1844, et que ceux-ci ne doivent pas encourir le reproche d'avoir voulu installer et maintenir dans des positions exceptionnelles les principaux représentants de la noblesse arabe. Seulement il faut attendre les occasions propices d'amoindrir ces personnages. Nous comprenons qu'un chef qui a rendu d'importants services dans les temps difficiles, et contre lequel il n'y a pas de motifs graves de mécontentement, ne puisse être brusquement destitué et voir son commandement réparti entre plusieurs. Une insurrection partielle, diverses circonstances locales, enfin la vieillesse ou la mort du fonctionnaire, seront les occasions pour nous de réaliser des progrès dans l'organisation du pays.

De nombreuses améliorations ont été également

apportées dans les détails de l'administration indigène. La justice, les impôts, l'instruction publique, les cotisations pour travaux d'utilité générale, ont surtout été l'objet de l'attention de l'autorité supérieure. Malgré cela, il faut bien le dire, depuis une dizaine d'années, et surtout dans ces derniers temps, on n'a pas su utiliser le personnel des bureaux arabes comme on aurait pu le faire. Ce mouvement si remarquable imprimé aux affaires arabes, dès 1844, par le maréchal Bugeaud, pour les besoins de la conquête et de l'organisation des tribus, et qui s'était à peu près continué, jusque vers l'année 1851, dans des œuvres toutes pacifiques d'études et d'améliorations morales et matérielles du pays, s'est considérablement ralenti. La guerre d'Orient, d'un côté, est venu distraire quelques officiers qui se seraient voués à l'administration indigène, mais qui ont entrevu tout à coup l'espoir de faire leur chemin par des services purement militaires. En même temps, l'attention de l'autorité supérieure, trop constamment fixée sur des détails de paperasserie d'un intérêt médiocre et très-contestable, le dégoût de voir journellement les questions les plus considérables traitées d'une façon mesquine et resserrées dans des limites étroites, ont achevé de décourager bon nombre d'officiers parmi les plus distingués. Aussi le personnel des affaires arabes, qui avait compté parmi ses membres, jusqu'en 1850, les officiers les plus recommandables, sous tous les rapports, de l'armée d'Afrique, a-t-il commencé, dès cette époque, à recevoir des sujets d'un mérite plus vulgaire. Nous le répétons, c'est la faute de l'autorité supérieure si, depuis dix ans, les résultats n'ont pas été plus satisfaisants dans l'administration des indigènes. Si elle avait compris grandement et largement le problème de l'amélioration des Arabes, comme le maréchal Bugeaud avait compris celui de la conquête et de l'organisation première à donner aux tribus, si elle avait senti que, pour mener à bien et vite cette magnifique entreprise, elle avait à sa disposition, parmi les quelques milliers de jeunes officiers instruits et désireux de faire preuve d'intelligence qui existent dans les rangs, de précieux instruments qu'il suffisait d'encourager en parlant à leur imagination et en faisant appel aux sentiments élevés, elle aurait rapidement réuni quatre ou cinq cents ouvriers de civilisation de la meilleure espèce, au lieu des soixante ou quatre-vingts officiers que l'on compte dans les bureaux arabes, et dont une trentaine seulement sont complétement aptes à remplir leurs fonctions. Le nombre des cercles et annexes eût pu être doublé. Chaque bureau arabe eût été composé de plusieurs officiers. Les uns s'occupant du pays au point de vue de la statistique, de la topographie; les autres sous le rapport des cultures, des sentiers à améliorer, des puits à creuser, fontaines, desséchements, etc. ; d'autres encore recherchant nos richesses forestières, minérales ou thermales, pendant que les chefs de bureau eussent continué de donner leurs soins à l'administration des tribus.

Il se fait un peu de tout cela dans un bureau arabe, mais sur une échelle trop restreinte, et l'autorité avait tout en main pour créer un mouvement beaucoup plus puissant et fécond.

Ce qui n'a point été fait peut encore être tenté, pensons-nous. Les esprits commencent à revenir de l'émotion produite par les procès d'Oran, et on a moins de confiance dans les changements d'administration, dont on s'était promis merveille.

La *direction centrale* des affaires arabes, qui passa en 1847 des mains du colonel Daumas dans celles du colonel Rivet, perdit quelque temps après un peu de son importance, en devenant un simple bureau politique, dirigé successivement par les colonels Durrieu, de Fénelon, de Neveu, pour cesser complétement d'exister au moment où furent supprimées les fonctions de gouverneur général de l'Algérie. Les bureaux arabes de divisions, subdivisions et cercles sont restés ce qu'ils étaient primitivement ; leur nombre s'est un peu accru. Il y a de plus, en ce moment, un commencement d'organisation de bureaux arabes civils, destinés à administrer les indigènes que l'on croit pouvoir distraire de la juridiction militaire. Ce service a beaucoup de peine à se constituer ; il n'a point à sa disposition une source de recrutement aussi inépuisable que l'armée.

Nous avons laissé le commandant Daumas au moment où s'agitait la question de l'organisation des tribus nouvellement soumises, et nous avons dit que cet officier supérieur eut une grande part à ce qui fut alors si intelligemment décidé. M. Daumas, successivement chef d'escadron, lieutenant-colonel et colonel, tout en conservant sa position de directeur central, rendit des services importants comme chef des affaires arabes et des contingents indigènes, pendant les années de guerre 1841, 1842, 1843, puis pendant les expéditions chez les Flissas du commencement et de la fin de 1844, durant les longues excursions qui furent la conséquence de l'insurrection de 1845, et enfin lors de la campagne conduite par le maréchal Bugeaud, d'Aumale à Bougie (1847). Lorsque le duc d'Isly renonça au gouvernement de l'Algérie, le colonel Daumas abandonna ses fonctions de directeur central et prit le commandement de son régiment de spahis. Nous le trouvons, en 1849, dirigeant une expédition difficile dans les environs de Bouçâada, au milieu des Ouled-Naïl hostiles.

Nommé général de brigade quelque temps après, il fut chargé, dès le commencement de l'année 1850, de la direction du service de l'Algérie au ministère de la guerre, fonctions qu'il a exercées jusqu'en 1858, époque de la création du ministère de l'Algérie. M. Daumas est général de division depuis le mois de janvier 1853.

Le général Daumas, on le sait, connaît parfaitement les mœurs et la langue des Arabes ; bien mieux, il les aime, ce qui est malheureusement trop rare parmi nos hommes d'Afrique arrivés aux positions élevées. Il prend plaisir à s'entretenir longuement avec le dernier des indigènes. Nous l'avons vu plusieurs fois à l'œuvre, tirant des renseignements de toute espèce d'un musulman quelconque pris au hasard et amené du marché voisin. Le général Daumas possède vis-à-vis des Arabes un don d'interrogation très-remarquable. Aussi a-t-il su amasser par ce moyen les matériaux de plusieurs ouvrages qui ont eu beaucoup de succès. Le *Sahara algérien*, la *Grande Kabylie*, les *Chevaux du Sahara*, le *Grand Désert,* sont connus de toutes les personnes qui s'intéressent à l'Algérie. Leur lecture est particulièrement agréable à ceux qui connaissent la langue, le pays et les habitudes des indigènes; parce que, sous le texte français, ils sentent l'expression arabe, et qu'en réalité ils lisent le livre dans l'idiome des habitants de la tente. Et tout aussitôt les cavaliers et les chevaux infatigables, les burnous flottants, les armes de luxe, les marabouts à barbe blanche défilant avec activité leurs longs chapelets, les *djâma* de notables accroupis en demi-cercle, les chasses, les combats, les troupeaux, mille autres détails encore, se présentent en foule à l'imagination du lecteur, souvenirs séduisants d'une société, sans contredit, beaucoup plus poétique que la nôtre.

Nous devons cependant avouer que l'ensemble des œuvres du général Daumas nous paraît laisser quelque chose à désirer. Pourquoi l'auteur n'expose-t-il pas quelque part une conclusion raisonnée, résultat de ses longues études et de ses patientes observations? Qui mieux que lui peut enfin éclairer, sur l'avenir de notre conquête, l'opinion publique, jusqu'à ce jour si étrangement égarée?

VI

ABD-EL-KADER ET SES LIEUTENANTS

LA RÉSISTANCE ARABE

Les Turcs, nos prédécesseurs en Algérie, étaient loin d'exercer dans le pays une domination exempte de troubles et de révoltes. Ils étaient de la même religion que leurs sujets; mais l'indignité de leur gouvernement devait soulever des hommes de cœur, et les Arabes, nous sommes heureux de le constater, ne manquèrent pas à cette obligation. D'autre part, les indigènes de l'Algérie sont très-faciles à entraîner dans une lutte ouverte contre les chefs du pays. Excessivement crédules sur le compte de gens qui se présentent à eux comme inspirés d'un grand esprit de religion, doués le sacrifice de leurs biens et à *lever le fusil*, selon l'expression arabe, pour le triomphe de ce qui leur a été assuré être la cause sainte. C'est ainsi que nous verrons un jeune fanatique de vingt ans à peine, pauvre et étranger, Bou-Maza, réunir en quelques mois six mille hommes prêts à toutes les aventures.

Avant 1830 donc, et pour le double motif que nous venons d'exposer, les révoltes étaient fréquentes. Quelques années seulement avant notre débarquement à Sidi-Ferruch, l'autorité du divan courut un grand danger dans la province d'Oran. Tous les marabouts de cette contrée s'étaient ligués et se disposaient à entraîner les tribus. Les Turcs, prévenus à temps, firent main-basse sur leurs ennemis et les mirent à mort. Un seul, un des plus importants, Sidi Mahi-ed-Din, fut épargné, grâce à diverses influences, et aussi, dit-on, au dévouement, à l'éloquence de son fils, le jeune Abd-el-Kader.

Toutes ces tentatives contre le gouvernement du pays échouaient, parce qu'elles étaient faites sans ensemble, sans persistance, et qu'aucun lien n'unissait le révolté de l'Ouest et le mécontent de l'Est. L'émir Abd-el-Kader devait essayer le premier de relier entre elles, au moins en Algérie, les diverses fractions de l'élément indigène, et chercher à constituer une nationalité arabe. Mais, à la suite du complot avorté des marabouts, le futur sultan suivit son père Mahi-ed-Din en Orient. A ce voyage se rattachent des apparitions et prédictions qui auraient eu lieu, en faveur du jeune Abd-el-Kader, à Bagdad, dans une des chapelles élevées à la mémoire de Sidi Abd-el-Kader el Djelali. Le récit de ces faits miraculeux devait agir puissamment plus tard sur l'imagination d'un grand nombre d'habitants de la province d'Oran, car Sidi Abd-el-Kader el Djelali est le fondateur d'une confrérie religieuse qui compte beaucoup d'affiliés dans notre province occidentale.

A peine de retour dans leur pays natal, au milieu de la plaine d'Egréiss qui s'étend aux environs de Mascara, Mahi-ed-Din et son fils se trouvèrent témoins d'événements en présence desquels ils ne tardèrent pas à jouer un rôle important. Les Turcs avaient été chassés, à la grande joie des Arabes ; mais ils avaient été remplacés par les chrétiens, et les tribus, on le comprend, ne pouvaient voir d'un œil favorable l'installation d'une autorité contre laquelle se soulevaient tous leurs préjugés religieux. La guerre fut résolue, et, au mois de mai 1832, Mahi-ed-Din conduisait sous les murs d'Oran les contingents d'une foule de tribus de la montagne, de la plaine, du Tell et du Sahara. Leurs masses, pleines d'ardeur et de confiance, vinrent se ruer sur les faubourgs d'Oran, et elles semblaient devoir enlever la ville en un coup de main. Elles se brisèrent cependant contre des murailles en mauvais état, mais défendues par nos soldats sous les ordres du général Boyer. Les attaques se renouvelèrent pendant plusieurs jours, et, au milieu du dernier combat, le jeune Abd-el-Kader se fit remarquer par son intrépidité. Il se montra pendant quelques instants, à cheval sur les glacis, excitant ses hommes de la parole et du geste, et servant de but aux défenseurs de la place sans paraître se soucier des nombreux projectiles qui sillonnaient l'air tout autour de lui.

La même année, une détermination importante était prise en faveur du fils de Mahi-ed-Din, par les marabouts influents qui entouraient sa famille. Il n'y avait plus d'autorité reconnue dans les tribus ; une anarchie effroyable désolait les douars. Les fractions de population qui avaient d'anciens motifs de rivalité ou de haine, les familles mêmes se livraient à des hostilités continuelles. En présence de ce désordre, quelques personnages religieux résolurent de choisir un chef qui, à son tour, organiserait un gouvernement. Une nombreuse assemblée fut convoquée à Ersebia, dans la plaine d'Egreïss, et là, le marabout Sidi El-Arach, homme très-vieux et fort vénéré, exposa un songe qu'il avait eu et une apparition de Sidi Abd-el-Kader el Djelali dont nous avons déjà parlé. Mahi-ed-Din avait eu, en même temps, un songe semblable, fut-il dit, et avait vu aussi le vénérable marabout dont la dépouille mortelle est à Bagdad. Conformément aux conclusions que l'on devait tirer de ces rêves et de ces interventions surnaturelles, Hadj Abd-el-Kader, deuxième fils de Mahi-ed-Din, fut proclamé sultan des Arabes. Cette décision fut aussitôt approuvée dans un grand nombre de tribus, car l'élément religieux est très-puissant dans l'ouest de l'Algérie. Par un contraste singulier, la province d'Oran, qui est la plus belliqueuse, subit surtout l'influence de la noblesse religieuse, et la province de Constantine, qui a des habitudes plus pacifiques, est le pays de la noblesse militaire.

Le besoin d'ordre avait été la première cause de l'élévation d'Abd-el-Kader. La guerre contre les chrétiens ne devait pas tarder à devenir pour le nouveau sultan une condition essentielle du maintien de son autorité. Il eût été difficile, du reste, de faire un meilleur choix. Il était d'une famille vénérée, et lui-même se faisait remarquer par son esprit religieux et la stricte observance des prescriptions de l'Islamisme. Jeune, actif, courageux, habile et gracieux cavalier, ses traits pleins de noblesse prévenaient en sa faveur ; de beaux yeux bruns, un teint blanc mat, une barbe noire, courte et frisée à la mode arabe, un sourire excessivement doux, distinguaient sa physionomie toute bienveillante. Abd-el-Kader était de plus un orateur fort goûté ; il était poëte et lettré autant qu'on pouvait l'être, en Algérie, de son temps. Enfin il fuyait le luxe et vivait très-modestement. Restait à savoir si le sultan élu aurait les qualités gouvernementales, et il ne tarda pas à prouver qu'il les possédait à un haut degré. Ajoutons qu'Abd-el-Kader, et ceci, croyons-nous, est le signe certain d'une organisation supérieure, s'élevait d'habitude au-dessus des passions qui s'agitaient autour de lui. La plupart des officiers qui ont été ses prisonniers et des Européens qui l'ont visité dans les moments de paix, ont conservé de lui un souvenir affectueux. Tandis qu'ils ne trouvaient chez les autres Arabes que des procédés de haine et de répulsion, ils obtenaient toujours de l'Émir un accueil plein de bienveillance. Si parfois Abd-el-Kader a donné son consentement à l'exécution d'ordres que réprouvent nos sentiments de civilisé, c'est que les exigences politiques le voulaient expressément et que le fils de Mahi-ed-Din n'était pas à ce point ami du juste, qu'il ait voulu, pour le faire respecter, sacrifier son pouvoir. Il avait pris à cœur sa mission, et nous ne pouvons lui savoir mauvais gré d'avoir cherché à l'accomplir, même au prix de certains actes de cruauté.

Mahi-ed-Din mourut peu de temps après l'élévation de son fils au pouvoir. Le jour de la réunion d'Ersebia, il avait annoncé que Sidi Abd-el-Kader el Djelali lui avait dit, au milieu de son apparition : « Si tu acceptes le trône, ton fils Abd-el-Kader mourra dans l'année; si, au contraire, tu proclames ton fils, c'est toi qui succomberas d'ici à un an. » Le marabout opta pour son fils et ne tarda pas à mourir. Son trépas vint vérifier la prédiction, aussi est-on tenté de croire qu'il fut peut-être volontaire; mais, dans ce cas, reconnaissons qu'il y a une certaine grandeur à se faire soi-même victime d'une fable accréditée pour le bien public.

Abd-el-Kader avait besoin de paix pour organiser son empire nouveau; il s'empressa de profiter des facilités qu'il trouva à s'entendre avec nos généraux commandants à Oran, et il conclut divers arrangements, dont un, signé du général Desmichels, a pris dans l'histoire le nom de traité. L'examen de tout ce qui se passa alors entre nous et l'Émir, récit dont nous ferons grâce à nos lecteurs, prouve que dans toutes ces relations on manquait, des deux côtés, et de tact et de mesure. Ces défauts, moins excusables chez nous que chez notre adversaire, ne peuvent s'expliquer que par l'extrême ignorance dans laquelle on se trouvait, et des hommes et des choses du pays que nous étions venus occuper. Un des points principaux des dernières conventions, celui qui était d'une mise à exécution difficile, par suite des scandales qu'il devait produire, était la constitution en faveur d'Abd-el-Kader, du monopole de tout le commerce des Arabes soumis à l'Émir avec les chrétiens. Il devait y avoir dans notre port de Mostaganem, des agents du jeune sultan, chargés de servir d'intermédiaires obligatoires. Abd-el-Kader, qui avait besoin de beaucoup de ressources pour organiser son administration et se créer une force publique, avait pensé à ce moyen tout primitif, le monopole commercial, et y attachait une grande importance. Ces conventions, toutes locales du reste, ne pouvaient subsister longtemps; et le général Desmichels ayant changé de position, l'Émir, après avoir acquis la certitude qu'on n'était pas disposé à continuer vis-à-vis de lui la même politique, recommença les hostilités. Il fit subir presqu'aussitôt à nos armes la défaite de la Macta, un des échecs les plus pénibles que nous ayons éprouvés, et qui eut pour résultat d'exalter au plus haut degré l'animosité de nos ennemis. Fort heureusement le maréchal Clauzel fut envoyé en Algérie pour venger ce désastre, et il ne tarda pas à le faire oublier par la prise de Mascara et l'occupation de Tlemcen. Mais cette brillante campagne n'avait eu aucune action sur les tribus ; la situation n'était pas changée, et le maréchal Clauzel était à peine de retour à Alger, que l'Émir recommençait ses courses dans le pays, inquiétant nos avant-postes et bloquant nos villes. Une nouvelle démonstration de notre part était devenue nécessaire, et ce fut le général Bugeaud qui eut mission de la diriger. Nous avons relaté l'expédition qu'il accomplit avec tant de succès, et qui se termina par le combat de la Sikkak (1836).

Enfin, l'année suivante, fut signé le traité de la Tafna, après la conclusion duquel l'empire d'Abd-el-Kader commence à s'établir sur des bases plus larges. Le fils de Mahi-ed-Din était reconnu officiellement *Émir* des Arabes ; on lui abandonnait presque toutes les tribus de l'Algérie et on lui fournissait même les moyens de s'installer solidement, dans l'espoir que plus le nouveau sultan serait maître chez lui, et plus nous aurions de facilités pour entretenir de bonnes relations avec ses sujets. C'était là un rêve impossible à réaliser, nous expliquerons pourquoi, sans qu'il y ait eu de notre faute, ni de celle d'Abd-el-Kader ; mais, à cette époque, on avait besoin d'y croire, on n'était point préparé à cette idée, qu'il fallait en Algérie une armée de cent mille hommes et une dépense annuelle de cent millions.

Abd-el-Kader établit le siége de son gouvernement à Tagdempt, ville qu'il édifia sur les ruines d'une cité romaine et non loin de notre poste actuel de Tiaret, dans une position plus centrale que Mascara. L'emplacement choisi est en outre défendu naturellement par sa situation. C'est là que l'Émir plaça ses munitions, ses provisions d'armes, ses manufactures, sa fabrique de monnaie, etc. Il avait partagé ses États en un certain nombre de grandes divisions, à la tête de chacune desquelles il plaça un kalifa. Il y eut des kalifats à Tlemcen, à Mascara, à Médéa, à Miliana, en Kabylie, dans le Sahara, dans la Medjana et à Biskra ; mais ces deux derniers furent de peu d'utilité pour l'Émir ; il ne put jamais rien tirer de la province de Constantine. Chacun de ces grands commandements comprenait plusieurs groupes de tribus ou aghaliks, dirigés chacun par un agha ; enfin chaque aghalik était divisé en un certain nombre de tribus ou fractions de grandes tribus, à la tête desquelles était un caïd. Tous ces fonctionnaires, kalifa, agha, caïd, exerçaient au nom de l'Émir le pouvoir absolu dans toute sa plénitude ; mais chacun aussi était responsable de sa gestion, et avait à redouter dans son chef immédiat un juge impitoyable. Il y avait des cadhis dans les tribus, chargés des affaires judiciaires, mais seulement pour les questions d'État ou d'intérêt privé tels que succession, mariage, divorce, etc. Tout ce qui était répression de délits ou de crimes était du ressort des caïds, des aghas, et des kalifas, c'est-à-dire des chefs du makhzen. Ces fonctionnaires disposaient de la force publique, dirigeaient l'administration des tribus, déterminaient les quotités d'impôt à payer et les faisaient rentrer; ils réglaient, en un mot, toutes les affaires. Il y avait seulement dans chaque aghalik un agent de l'Émir appelé *oukil-es-solthan* qui avait la mission de contrôler les actes de l'agha sous le rapport financier. L'Émir avait surtout besoin d'argent, pour donner de la consistance à son établissement; il créa de nouveaux impôts et, entre autres mesures fiscales, décida que les caïds et aghas seraient changés ou investis de nouveau chaque année. Comme ils devaient, à cette occasion, verser une certaine somme dans les caisses de l'État, cette prescription eut pour but de fournir au trésor public un secours qui n'était pas à dédaigner.

Telle qu'elle était, l'organisation créée par Abd-el-Kader convenait parfaitement aux populations arabes. Les affaires étaient expédiées avec rapidité; il n'y avait point de conflits d'autorité, de jugements contradictoires, d'incompétence, d'atermoiement; le pouvoir était un et infaillible. Nous ne saurions trop le répéter, ce sont là, pour les indigènes, les conditions essentielles du pouvoir. On peut s'en convaincre par les résultats surprenants qu'obtint l'Émir en quelques années. A l'aide des ressources seules du pays qui reconnaissait son autorité, et c'était à peine le tiers de l'Algérie, il éleva, pour y établir, avons-nous dit, le siége de son gouvernement, la ville de Tagdempt; il fit construire les postes de Sebdou, Saïda, Taza; il commença à faire fabriquer des armes et de la monnaie de cuivre, il créa une petite armée régulière, habillée, soldée et nourrie, enfin il satisfit pendant quelque temps aux besoins excessifs d'une guerre ruineuse. Et cependant, Abd-el-Kader, fils d'un simple marabout des Hachem, élu par quelques individus amis de sa famille, ne pouvait obtenir encore les résultats qui eussent été facilement réalisables par un prince de maison souveraine, tenant le pouvoir de ses ancêtres. Le besoin d'ordre avait décidé les marabouts à prendre une mesure qui fût généralement approuvée dans le pays; mais, dès que les premières exigences du nouveau pouvoir se firent sentir, celui-ci commença à voir percer des symptômes d'opposition. Les tribus qui étaient éloignées de la plaine des Hachem, celles surtout qui habitaient les pays de montagnes où se conservent des habitudes d'indépendance, ne témoignaient pas toute l'obéissance désirable. Dans nombre de douars, il se disait journellement: « Après tout, qu'est donc Hadj Abd-el-Kader, de quel droit prétend-il nous commander? » Ses partisans cherchèrent alors à prouver qu'il descendait des Beni Ifferen, famille qui avait fourni des sultans à Tlemcen. Mais cette découverte produisit peu d'effet. Aussi l'Émir fut-il bien vite obligé, pour motiver son autorité et la consolider, de faire appel aux passions religieuses et de se poser en défenseur de l'islamisme, en ennemi des chrétiens. Abd-el-Kader dut souvent regretter de ne pouvoir constituer la nationalité arabe qu'en se mettant en antagonisme avec nous et en abandonnant ainsi aux hasards de la guerre le sort de son œuvre naissante. Il sut cependant diminuer les difficultés de sa tâche, en confiant le commandement des tribus à des hommes connus et puissants par eux-mêmes. C'étaient, en Kabylie, Ahmed-Ben-Salem, d'une famille ancienne et influente, qui servit utilement à la cause d'Abd-el-Kader, en faisant continuellement contre nous, et à la tête des contingents kabyles, des incursions sur les limites de la Mitidja; à Médéa, El Berkani, également bien apparenté, mais un des lieutenants de l'Émir les moins doués de qualités brillantes; à Miliana, Ben Allal, dont nous avons déjà parlé, de la famille des Embarek, marabouts de Coléa, en vénération dans tout le pays, et lui-même guerrier renommé, très-dévoué à l'Émir, dont il fut le soutien le plus fidèle et le plus actif jusqu'au moment où il mourut glorieusement à l'Oued Malah. Enfin, Moustapha-ben-Thami, beau-frère d'Abd-el-Kader, commandait à Mascara et ses services n'offrent rien de remarquable. A Tlemcen, il y avait, en qualité de khalifa, Bou Hamedi, homme de sang noir, cruel, despote à l'excès; mais valeureux au passible, se battant avec frénésie, et animé d'un dévouement absolu à la personne d'Abd-el-Kader. On vit un jour, dans un combat sur la frontière de Maroc, ce même Bou-Hamedi, très-reconnaissable à ses vêtements rouges et au harnachement de son cheval, saisir des fantassins arabes par le cou, les traîner plein de rage et vociférant des invectives, jusqu'au milieu des tirailleurs français. « Mangezen donc, de la poudre, leur criait-il, mangez-en. »

Abd-el-Kader disposait, selon l'habitude arabe, de tous les hommes valides des tribus, qui devaient, à première réquisition, le suivre dans ses entreprises; mais ces contingents ne pouvaient être appelés que dans des circonstances graves et pour peu de temps, et il faisait tous ses efforts pour organiser une petite armée permanente qu'il pût avoir constamment sous la main. Au moment où la guerre sainte allait recommencer (1839), il avait une dizaine de mille hommes, dont le cinquième à peu près en cavalerie et quelques pièces d'artillerie. Leur organisation était une grossière imitation de notre armée; mais, enfin, l'Émir n'en avait pas moins auprès de lui, des fantassins et des cavaliers qui devinrent d'excellents soldats, bien connus de nos soldats sous le nom de *réguliers*.

Il y avait bien, dans la province d'Oran, une force militaire indigène tout organisée et qui pouvait rendre de grands services au sultan de Tagdempt, c'était l'ancienne cavalerie du Makhzen, employée jadis par les Turcs, c'està-dire les tribus guerrières des Douairs et des Zmélas qui renfermaient deux mille bons cavaliers; mais, nous l'avons dit, le fils de Mahi-ed-Din représentait surtout l'élément religieux. La noblesse religieuse de la province, constamment en hostilité avec les Turcs, avait eu beaucoup à se plaindre des cavaliers du Makhzen qui étaient à la solde du Divan, et qui, composant à eux seuls presque toute la noblesse militaire, se montraient souvent très-rudes à l'égard des familles de marabouts. Aussitôt après notre occupation, il y eut quelques tentatives de rapprochement ; mais elles étaient presque toujours suivies de nouvelles brouilles. Le vieux Moustapha-ben-Ismaïl, le chef de ces tribus Makhzen, celui dont le concours nous fut si utile, avait contre la famille d'Abd-el-Kader d'anciens motifs de haine ; du sang avait été versé des deux côtés. Toutefois une sorte de réconciliation avait été obtenue. L'Émir, dit-on, se serait montré plus bienveillant, et disposé à l'oubli que Moustapha ; mais il est probable que les froissements vinrent de l'entourage du jeune sultan, et dès 1835, à la suite de la première occupation de Tlemcen, le chef des Douairs et des Zmélas était à tout jamais séparé d'Abd-el-Kader et rallié à notre cause.

L'Emir commençait donc à peine à organiser sa puissance, lorsque d'impérieuses nécessités le contraignirent à recommencer la guerre.

D'après le traité de la Tafna, Abd-el-Kader avait la disposition de presque toutes les tribus de l'Algérie ; nous ne conservions sous notre autorité qu'une partie de la Mitidja et une banlieue autour des villes que nous occupions. Chacun restait maître absolu sur son territoire ; nous ne devions envoyer aucun Arabe chez Abd-el-Kader sans que celui-ci ne l'ait autorisé et réciproquement. Or, chaque jour, les indigènes faisaient à l'Émir des rapports exagérés sur ce qui se passait le long de nos limites ; la moindre démarche de notre part, un voleur poursuivi, un troupeau égaré et ramené, un incendie fortuit, étaient le texte de plaintes acerbes dans lesquelles les musulmans donnaient à entendre à leur chef qu'il se perdrait s'il supportait tant d'humiliations de la part des chrétiens. D'autre part, nous demandions la rectification d'un paragraphe du traité de la Tafna, relatif à notre limite orientale dans la province d'Alger. L'indication n'était pas suffisamment précise, et telle que la comprenait l'Émir, elle devenait pour nous une condition fort dure. Les correspondances et les pourparlers n'avaient pas abouti, lorsque de notre côté, nous réalisâmes une entreprise qui devait forcément décider la rupture de la paix. Un corps d'armée parti de Constantine, sous les ordres du maréchal Valée et du duc d'Orléans, en octobre 1839, vint à Alger par terre, passant par les Biban, puis traversant le territoire de Hamza et des Beni Djâad, soumis à Abd-el-Kader et débouchant enfin dans la Mitidja.

Cette expédition équivalait à une déclaration de guerre, même vis-à-vis de tout autre peuple moins fanatique et moins susceptible, et Abd-el-Kader s'empressa de faire proclamer le *Djehad* (guerre sainte). Un immense enthousiasme parcourut les tribus ; les volontaires se pressèrent en masse autour des drapeaux de l'Émir et de ses Khalifas. Notre intention n'est pas de relater la suite des événements dont nous avons déjà parlé, mais seulement d'indiquer ce que nous n'en avons pas encore dit, concernant l'initiative des partisans d'Abd-el-Kader.

La guerre ne commençait pas d'une manière favorable pour nous ; des échecs partiels avaient agi péniblement sur nos troupes, lorsque le combat de l'Oued Lalleg vint nous faire reconquérir l'ascendant moral. L'année 1840 vit la prise de Médéa et de Miliana; mais ces villes étaient bloquées. Les Français ne pouvaient les ravitailler sans perdre beaucoup d'hommes dans des combats sanglants, au col de Mouzaïa, à la Chiffa, au bois des Oliviers. Dans toutes ces rencontres, les Réguliers se firent remarquer avec honneur. Cependant le gouverneur de l'Algérie était changé, le nouveau commandant en chef était ce même général qui avait signé le traité de la Tafna, et qu'Abd-el-Kader connaissait bien pour avoir été complétement battu par lui à la Sikkak. Des forces considérables étaient mises à la disposition du général Bugeaud, et lui-même n'était plus gêné par des instructions étroites, il avait simplement pour mission de conquérir tout le pays.

L'année suivante Abd-el-Kader perdit encore Tlemcen et Mascara ; la guerre, mieux conduite par les Français, leur donnait déjà des résultats appréciables ; les tribus commençaient à se soumettre. A ce moment l'Émir, modifiant son organisation, abandonnait les postes qu'il possédait encore, non-seulement Sebdou, Saïda, Thaza, Boghar et tous ceux d'une importance secondaire, mais Tagdempt même, sa capitale. Le siége de son gouvernement, désormais extrêmement mobile et porté à *dos de chameau*, comme il le disait lui-même, fut établi dans la *Zmala*.

La tente de l'Arabe laisse sur le sol une trace circulaire. Un douar (douar veut dire cercle) est une réunion de plusieurs tentes établies en cercle. La Zmala d'Abd-el-Kader se composait de plusieurs lignes concentriques de douars; chacun des douars étant lui-même formé en cercle. Au centre les tentes de l'Émir et de sa famille, le trésor, les ôtages, les prisonniers importants; autour de ce centre et sur un premier cercle les tentes de ses familiers, confidents ou ministres, entre autres Ben-Arach, Ben-Thami et Bel-Kheroubi son secrétaire; sur un second cercle beaucoup plus étendu que le premier et l'enveloppant, on voyait les douars et zmalas particulières des grands chefs tels que Ben-Allal; enfin sur une troisième et même une quatrième circonférence enveloppant toutes les autres, se trouvaient les douars des contingents arabes, des tribus les plus fidèles qui accompagnaient partout la fortune de l'Émir; c'étaient notamment les douars des Hachem Gharaba, des Hachem Cheraga, des Ouled Khelif, des Ouled Chaïb, et des Harar.

La Zmala, avons-nous dit, était le Saint-James, les Tuileries de l'Émir. Les dépêches, les nouvelles, tout se dirigeait sur la Zmala, où les mesures étaient prises pour qu'Abd-el-Kader fût aussitôt informé, car de sa personne il était rarement dans sa capitale nomade. Il la laissait, autant que possible, en dehors de la zone exposée aux accidents de la guerre, et lui-même, suivi de quelques cavaliers, se transportait rapidement là où il jugeait sa présence nécessaire. Or, au mois de mai 1843, un coup terrible vint accabler le parti de l'Émir. La Zmala fut prise, pendant que son chef et les réguliers étaient occupés ailleurs. Elle était cependant loin du Tell, en plein Sahara, à Taguin; mais les Français devenaient chaque jour plus entreprenants et plus mobiles. Ils atteignaient partout les tribus et celles-ci se soumettaient. Abd-el-Kader essaie encore de rétablir ses affaires en sévissant à son tour, sur les populations, et quelques faits heureux pour lui viennent un moment ranimer ses espérances. A la fin de mai 1843, Moustapha-ben-Ismaïl, son ennemi le plus acharné, tomba victime d'une embuscade qui lui fut dressée dans le pays des Flitta. Les Douairs et Zmélas chargés de butin, revenaient à Oran, dans le plus grand désordre, ne se croyant plus en pays ennemi; Moustapha était presque seul, et son cadavre resta au pouvoir de ses adversaires. Sa tête et une de ses mains reconnaissable à une blessure furent portées à Abd-el-Kader qui se montra dit-on, fort digne en présence de ce sanglant trophée. Peu après, à Sidi-Yousef, sur l'oued Fofot, l'Émir eut avec nos troupes une rencontre qu'il put considérer comme un succès. Il nous fit des prisonniers, jeta le désordre dans les rangs de notre cavalerie, nous tua quelques hommes, et s'empressa de faire annoncer partout ce combat comme un avantage considérable. Mais l'effet produit ne fut pas de longue durée ; Abd-el-Kader, obligé de se retirer partout devant nos colonnes, réduit à pousser de temps à autre des pointes toujours repoussées, ne joue plus désormais que le rôle de partisan. A la fin de cette même année 1843, un échec des plus sensibles lui était ménagé. Ben-Allal opérait dans le sud de Mascara, à la tête des derniers débris des bataillons de réguliers, lorsque le colonel Tempoure se mit à sa poursuite. La colonne française trouva les traces du camp arabe ; mais l'ennemi, prévenu à temps, fuyait toujours. Le temps était affreux, les troupes harassées ; cependant le capitaine Charras, chef du bureau arabe de Mascara, qui dirigeait dans la colonne tout ce qui concernait les renseignements sur la situation de l'ennemi, mit tant d'insistance à soutenir qu'il fallait marcher quand même, que le colonel Tempoure se décida à continuer la poursuite. Après trente-six heures de marche sans bivouaquer, nos troupes virent enfin les feux du camp ennemi, et l'ennemi lui-même prêt à combattre. La lutte s'engagea aussitôt, et les chances du combat tournèrent en notre faveur. Ben-Allal refusant de se rendre, se battit jusqu'à la mort, et sa tête, avons-nous dit, fut envoyée à Alger. Presque tous ses hommes succombèrent.

A la suite de ce revers, le fils de Mahi-ed-Din se retira pendant quelque temps sur la frontière du Maroc, invitant les vrais fidèles à le suivre plutôt que de vivre sur une terre soumise aux chrétiens. Une partie des populations de la province d'Oran, émigra en effet, laissant derrière elles de grands espaces vides.

Ici se présente une phase curieuse de la vie d'Abd-el-Kader. Il avait toujours de très-bons rapports avec l'empereur du Maroc, il recevait régulièrement par son intermédiaire de grandes quantités de poudre et d'armes diverses. La population marocaine, plus fanatique encore que celle de l'Algérie, était pleine d'enthousiasme pour Hadj Abd-el-Kader, le champion valeureux de l'Islamisme. Celui-ci ne l'ignorait pas et comptait profiter de cette situation lorsque l'occasion en serait venue; pour le moment, il se contentait de se faire connaître de plus en plus dans le Maroc et de nouer des intrigues. Sur ces entrefaites, nous eûmes nous-mêmes, des difficultés avec le sultan de Fez; la campagne de 1844 commençait. Abd-el-Kader, après avoir excité les musulmans à combattre les chrétiens, s'était ensuite tenu à l'écart sous prétexte que le général marocain ne suivait pas ses conseils et comprenait mal l'espèce de guerre qu'il fallait faire aux Français. L'Émir avait, en effet, tout bénéfice à attendre avec ses partisans, sans se compromettre. Ou les Français seraient battus, et alors il se chargeait de révolter toute l'Algérie sur nos derrières ; car les tribus de la province d'Oran donnaient déjà des signes non douteux d'impatience ; — ou bien les Marocains éprouveraient une défaite, et, dans ce cas, Abd-el-Kader espérait encore pouvoir tirer parti du mécontentement général pour se faire proclamer chef de la guerre sainte, et peut-être pour renverser le Sultan et sa famille.

La paix conclue presque aussitôt après la victoire d'Isly, en mettant soudainement fin au conflit, ne laissa pas aux circonstances le temps de se développer dans le sens que souhaitait l'Émir. Il commença cependant à montrer de l'hostilité envers Abd-er-Rahman et augmenta le plus qu'il pût le nombre de ses adhérents

La Zmala avait été remplacée par la Déïra, ce qui indique un établissement d'une importance moindre. La garde et le commandement de cette Déïra étaient souvent confiés à Bou-Hamedi, demeuré un des derniers et sans contredit le plus vigoureux partisan de l'ex-Émir. Abd-el-Kader continuait ses relations avec différents partis religieux, surtout avec les *Khouans* (frères), de diverses confréries. Il y a, en Algérie, plusieurs sociétés religieuses dont les principales sont : l'ordre de Sidi Abd-el-Kader el Djelali, dont nous avons déjà parlé, et qui compte beaucoup de membres dans la province d'Oran. On rencontre fréquemment dans cette province, au sommet des mamelons, de petites Goubba, qui toutes s'appellent, uniformément, Mouléï-Abd-el-Kader, et sont élevés en l'honneur du saint de Bagdad. Le fils de Mahi-ed-Din faisait partie de cette association. Il y a ensuite la société des *Aïssaoua*, commune au Maroc et à l'Algérie, et dont les adeptes s'exercent surtout aux tours d'adresse, aux jongleries. Ils n'ont guère d'importance qu'à titre de colporteurs de nouvelles, car ils sont constamment sur les routes pour se rendre d'un marché à un autre. A la suite des précédents, nous citerons l'ordre de Tidjini, particulier au Sahara algérien; et celui de Sidi Abd-er-Rahman, dont les membres sont répandus dans toute l'Algérie indistinctement, et dont le chef réside au Djerdjera. Beaucoup de kabyles font partie de cette association, Abd-el-Kader s'y était fait affilier dans l'espoir d'être aidé par les montagnards plus qu'il ne l'a été. Les Kabyles, en effet, au temps de la guerre, se sont refusés à toute soumission et ont fait de fréquentes diversions sur les confins de la Mitidja; mais ils n'ont guère envoyé au dehors de leurs montagnes des secours dont ils n'auraient pu surveiller l'emploi. N'oublions pas l'association des *Derkaoua*, dont le chef réside dans l'empire du Maroc, et dont la doctrine est fort curieuse à étudier. Ils méprisent au plus haut point les biens de ce monde, se vêtissent de haillons et se déclarent ennemis de toute autorité humaine, de tout sultan. Dieu seul, disent-ils, a droit de commander, Abd-el-Kader lui-même a eu des démêlés avec les Derkaoua, dont un fort parti, grossi de nombreux fanatiques, vint un jour lui présenter la bataille, au temps où il était encore le puissant Émir de Tagdempt.

En dernier lieu, nous indiquons les Mouleï-Taïeb, qui sont les plus importants au point de vue politique, et avec lesquels Abd-el-Kader entretient des relations suivies au moment de sa carrière où nous sommes arrivés (1845).

Les Mouleï-Taïeb ont leur chef à Ouezzan, dans le Riff, au milieu de cette famille de Chourfa dont sort la branche actuellement régnante à Fez. Ils sont très-puissants et très-nombreux au Maroc, très-répandus dans l'ouest de l'Algérie, et comptent une quantité considérable d'affiliés jusque dans la province de Constantine. La plupart de ces prétendus descendants du Prophète qui essaient de temps à autre de soulever les tribus, sont des adeptes de Ouezzan, que l'on prépare de longue main au rôle qu'ils doivent jouer plus tard. A l'automne de 1845, Abd el-Kader sut tirer un merveilleux parti de ses relations avec les Mouleï-Taïeb. Ceux-ci étaient en grand nombre dans les tribus de la partie septentrionale de la province d'Oran avoisinant le Maroc, et c'est là que l'ex-Émir vint de nouveau tenter la fortune. Elle sembla lui sourire tout d'abord. En quelques jours, l'affaire de Sibi-Brahim, les surprises de Sebdou, d'Aïn Temouchen mirent tout le pays en émoi; les plus mauvais jours semblaient revenus pour nous. Par une coïncidence toute favorable à Abd-el-Kader, Bou-Maza commençait à agiter sérieusement les populations du Chéliff et de ses affluents, et il venait de livrer à Tiphour un combat qui nous avait coûté des pertes sensibles. Mohammed Ben-Abd-Allah, dit Bou-Maza, était un de ces jeunes fanatiques dressés par les marabouts de Ouezzan et destinés à agir sur les tribus de l'Algérie. Après avoir vécu quelque temps solitaire, dans une grotte du Dahra, et attiré l'attention par ses pratiques religieuses, par ses prières continuelles, il se déclara enfin comme l'envoyé de Dieu, le *Mouleï sâa* (maître de l'heure), que les musulmans attendent depuis longtemps. Il offrait, pour le moment, de chasser les chrétiens et il s'occupa de suite de réunir des hommes. Au printemps 1845, il se mettait en campagne, tuait des chefs investis par nous, pillait les tribus récalcitrantes, et groupait, en très-peu de temps, autour de lui, plus de six mille partisans armés. C'est à leur tête qu'il livrait, à Tiphour, le combat qui venait, on ne peut mieux, en aide à la cause d'Ab-el-Kader. Disons encore de Bou-Maza, pour ne plus y revenir, qu'après quelques tentatives heureuses sur les tribus, il commença à éprouver des échecs, du jour où nos colonnes mobiles le harcelèrent dans diverses directions. Blessé très-grièvement au bras, après avoir eu son cheval tué sous lui, au combat de l'Oued Ksa, le 15 mars 1846, il fut obligé derester dans l'inaction, et ses affaires périclitèrent aussitôt. Ses partisans s'étant fait battre dans plusieurs rencontres, Bou-Maza se vit dans la nécessité de fuir pour ne pas être pris, il rejoignit Abd-el-Kader à la Deïra, dans le Maroc et lui offrit ses services. L'ex-Émir accueillit le mouleï sâa; mais au bout de quelque temps il le fit dépouiller de ce qu'il possédait encore. Les cavaliers d'Abd-el-Kader lui enlevèrent ses tentes, ses femmes, son trésor, composé de quelques mulets chargés d'argent, et trente chevaux de selle. Bou-Maza parvint à s'échapper à grand'peine. C'est alors qu'il alla soulever les populations des Zibans dans le sud de la province de Constantine, et notamment l'oasis des Ouled Djelal qu'il nous fallut reprendre, à la suite d'un combat meurtrier, le 10 janvier 1847. Après son insuccès dans le Sahara, Bou-Maza reprit la route de l'Ouersenis, et faillit, en le traversant, être enlevé par un de nos chefs de bureau arabe, qui lui prit ses bagages. Il essaya vainement ensuite d'exciter de nouveau l'ardeur des populations du Dahara, et il vint se remettre entre les mains du commandant d'Orléansville au mois d'avril 1847. On sait que Bou-Maza, envoyé en France, y fut traité avec beaucoup de bienveillance; il est aujourd'hui au service de la Turquie. D'une valeur excessivement brillante, dès le commencement d'une action, il laissait ses drapeaux sur une éminence et venait en simple partisan lutter avec nos soldats; souvent même il engageait des combats corps à corps, aussi est-il couvert de blessures. Il est certainement le plus intéressant de tous ces chefs de révolte qui ont joué un rôle sur divers points de l'Algérie, tels que Zerdoud dans le pays de Bône, Mohammed-Ben-Ahmed dans les environs de Sétif; Bou-Hamar,

Bou-Sif, Bou-Baghla, en Kabylie; le chérif saisi chez les Beni-Zougzoug; el Fadhel près de Tlemsen; Bou-Zian à Zaatcha, et enfin celui que l'on a appelé dernièrement le chérif d'Ouargla, Mohammed Ben-Abd-Allah, notre ancien Kalifa de l'ouest, qui a agité surtout le Sahara, a défendu Lagouat contre nous et paraît actuellement réfugié à l'extrémité de nos possessions algériennes.

Revenons à Abd-el-Kader, que nous avons laissé triomphant à la suite de plusieurs affaires douloureuses pour nos armes. Toujours admirable d'activité, l'ex-Émir se transporte partout où il espère rallier des partisans, exciter un soulèvement. Déjà les généraux Cavaignac et Lamoricière s'occupaient de réduire les populations comprises entre Oran et la frontière marocaine et qui avaient été soulevées par les efforts des Mouleï Taïeb. Abd-el-Kader se montre pendant ce temps-là dans les environs de Mascara; il met à profit l'agitation produite par Bou-Maza, et réussit à compromettre quelques tribus. Vivement pourchassé et ne pouvant prendre pied nulle part, il manœuvre pendant quelque temps autour de l'Ouersenis, puis il pousse une pointe jusqu'en Kabylie et jette l'inquiétude aux portes d'Alger, car partout où il se présente, son nom seul terrifie les indigènes et trouble les colons européens. Surpris par un détachement français revenant de Dellys à Alger, il perd tous les produits d'une razzia qu'il venait d'opérer. Des mesures sont aussitôt prises sur ce point du territoire, pour parer aux éventualités, et Abd-el-Kader s'empresse de regagner le Sud; mais avant de quitter le Tell, il est encore atteint plusieurs fois par nos colonnes et reprend presque seul la direction du Maroc, pour y rejoindre la Deïra. Ce fut là sa dernière campagne contre nous. Infatigable autant qu'audacieux, il avait à peu près tâté toutes les tribus ; il avait obtenu quelques démonstrations et avait rallié un certain nombre de partisans; mais les Arabes n'étaient point disposés à l'insurrection, ils n'étaient point encore remis des malheurs que leur avait causé la guerre ; devant l'Émir, ils faisaient parler la poudre, mais dès qu'il n'était plus là, ils reprenaient leurs emplacements sur le terrain, leurs habitudes journalières, et cherchaient à cacher aux Français leur égarement de quelques instants, ou du moins à pallier leur conduite. Les colonnes françaises, du reste, toujours très-mobiles et bien dirigées, ne pouvaient plus laisser aucune chance de succès durable aux tentations de révolte suscitées par Abd-el-Kader ou d'autres agitateurs.

Le fils de Mahi-ed-Din, de retour à sa Deïra, au Maroc, passa par une série d'épreuves, les plus dures peut-être qu'il eût encore subies. L'empereur du Maroc, mis en demeure par notre gouvernement de se conformer au traité de paix qui suivit la bataille d'Isly, et en vertu duquel les deux puissances s'engageaient mutuellement à chasser l'ex-Émir de leur territoire, prenait des mesures pour contraindre l'ennemi commun à se retirer. D'autre part les populations s'étaient refroidies vis-à-vis du malheureux Abd-el-Kader, elles ne voyaient approcher qu'avec appréhension la Déïra qui avait de nombreux besoins. Depuis longtemps on souffrait de la faim au petit camp d'Abd-el-Kader, et plusieurs centaines de prisonniers qu'il fallait traîner partout avec soi, augmentaient le malaise. Déjà des murmures s'étaient produits; les quelques douars arabes, les quelques personnages influents, les derniers cavaliers éprouvés par plusieurs années de guerre, qui suivaient encore l'Émir, avaient menacé de se retirer plutôt que de continuer à souffrir les angoisses de la faim à cause des prisonniers français. Que voulait Abd-el-Kader, disaient-ils, chasser les chrétiens. Eh bien! pourquoi conservait-il auprès de lui des prisonniers dont la présence était une cause de souffrance pour ses serviteurs. On comprend où menaient ces protestations. Pendant une nuit, nos malheureux soldats furent massacrés; les chefs seuls furent mis de côté pour être échangés à prix d'argent. Certes, ce sang versé si lâchement est une tache ineffaçable dans la vie d'Abd-el-Kader; mais il était juste de rappeler les circonstances au milieu desquelles cette sanglante exécution fut commise. C'est l'occasion d'exposer que la terreur jouait un grand rôle dans les moyens de gouvernement de l'Émir. Il avait fait tous ses efforts pour se donner la réputation de chef inflexible, et il ne rétracta jamais un ordre, quelque dur qu'il fût. Cela était bien connu dans les tribus et les prédisposait à l'obéissance. Quelques châtiments cruels infligés sans pitié à certaines populations, et entre autres celui des Zouetna, sur les montagnes qui bordent la Mitidja à l'Est, confirmèrent les indigènes dans cette pensée que le sultan était impitoyable pour qui avait désobéi. Mon expérience personnelle m'a prouvé, du reste, qu'en présence des populations arabes, le mieux est de se montrer très-doux, très-bienveillant pendant la paix, mais très-rigoureux et même cruel, si j'osais le dire, pendant la guerre. J'ai vu des tribus qui avaient été rudement châtiées après révolte; elles étaient dociles, maniables, parfaitement disposées à bien faire, et une administration habile pouvait conserver indéfiniment cette situation. J'ai parcouru également des douars qui, pour des raisons que je n'ai pas à examiner ici, avaient été ménagés, à la suite de mouvements séditieux auxquels ils avaient pris part, et j'étais amené à regretter qu'ils n'aient point été punis comme les autres. Ils étaient frondeurs, insolents et prêts à reprendre les armes à la moindre contrariété, à tort ou à droit. Ils n'étaient point, disaient-ils, sujets des Français, mais bien leurs alliés, ils pouvaient rompre le bon accord à leur gré; ils n'étaient point de ces tribus qui avaient été obligées de se soumettre, ils n'avaient jamais été vaincus.

Abd-el-Kader était, du reste, bon, affable, patient avec les Arabes qui venaient le consulter ou se plaindre à lui. Il donnait les ordres les plus rigoureux pour qu'on laissât toujours approcher les musulmans qui voulaient lui parler.

Le sang de nos prisonniers n'amena pas pour la Déïra des conditions meilleures. (1) Bien au contraire, le sultan de Fez devint plus pressant et envoya des troupes contre Abd-el-Kader; celui-ci se défendit avec sa valeur habituelle; quelques-uns de ses fidèles réguliers l'escortaient encore. Après des alternatives de succès et de revers, l'ex-Émir, perdant chaque jour du terrain, se vit enfin acculé à notre frontière et la passa. De notre côté toutes les mesures étaient prises, tous les cols occupés. Abd-el-Kader, reconnaissant qu'il pourrait encore échapper de sa personne, mais que tout ce qui le suivait serait pris, offrit de se rendre. On sait les détails de cette reddition, nous les résumerons, du reste, dans notre chapitre sur Sidi-Brahim. C'est un honneur pour notre armée d'Afrique, que ses plus constants adversaires, viennent ainsi se rendre à elle après une lutte plus ou moins prolongée.

Abd-el-Kader s'était rendu à la condition qu'il serait conduit en Orient. On le garda pendant plusieurs années à Toulon, à Pau, à Amboise, traité avec beau-

---

(1) Nous devons dire, à l'honneur d'Abd-el-Kader, qu'il n'était pas à la Déïra au moment du massacre; que celui-ci fut prescrit par les chefs de la Déïra, en vertu d'un prétendu ordre venu d'Abel-Kader; que l'ex-Émir s'est toujours défendu d'avoir ordonné cette affreuse boucherie, et que si l'on se reporte à sa conduite antérieure vis-à-vis des prisonniers français, il est à croire qu'il y fut en effet, étranger.

coup d'égards, puis le gouvernement impérial se décida à l'interner à Brousse, en Asie-Mineure.

Abd-el-Kader, ainsi que la plupart des hommes marquants, a été jugé bien diversement. Il a des admirateurs outrés et aussi des détracteurs exagérés. Pour nous, le fils de Mahi-ed-Din est un des types les plus parfaits que puisse produire la race arabe, et tel qu'il est, il possède un ensemble de qualités qu'il est fort rare de rencontrer en tout pays. Cependant on ne saurait méconnaître qu'il lui manque quelques-unes des lumières de l'esprit moderne ; et s'il n'a pu réussir, malgré les dons précieux qu'il possède, c'est une preuve pour nous que les populations musulmanes ne peuvent plus se constituer d'une manière indépendante, et progresser à l'aide de leurs seules ressources. Elles doivent avoir recours désormais, si elles comprennent leurs intérêts, à des chefs qui, sachant mettre à profit les éléments utiles de la société arabe, aient cependant connaissance de la plupart des idées qui sont du domaine public en Europe.

VII

TABLEAU

DE L'ARMÉE D'AFRIQUE ACTUELLE

L'armée d'Afrique se compose, en ce moment, de sept régiments de ligne, dont la plupart sont en Algérie pour la deuxième fois. La proportion des troupes venant de France, était autrefois plus forte; mais elle a dû diminuer, au fur et à mesure que les corps permanents et spéciaux ont été augmentés.

Parmi les régiments qui sont le plus connus dans la colonie, et par leur long séjour et par les nombreuses affaires auxquelles ils ont pris part, nous avons entendu citer : le 47ᵐᵉ (*Combat sur la Tafna, prise de Constantine*); — le 23ᵐᵉ (*Prise d'Alger, deux premières expéditions de Medéa, la Tafna, la Sikkak, prise de*

Constantine, les Bibans, divers combats dans la Mitidja et l'Atlas; — le 24me (*la Sikkak, combats dans l'Atlas, travaux nombreux*), régiment de Duvivier; — le 2me léger (*Staouëli, prise d'Alger, première expédition de Mascara et de Tlemcen, première et deuxième expédition de Constantine, les Bibans, combat de l'Oued-Lalleg, divers combats dans l'Atlas*), régiment de Changarnier; — le 17me léger (*les Bibans, l'Oued-Lalleg, le bois des Oliviers, Miliana*), régiment de Bedeau; — le 48me (*Mouzaïa, Isly, nombreuses expéditions de 1840 à 1845.*) — Les 33me, 53me et 58me, qui ont pris part à de nombreuses actions de guerre et exécuté beaucoup de travaux dans la plaine, chez les Kabyles et dans le Sahara algérien; — le 41me, renommé par les privations qu'il a endurées, les fatigues qu'il a supportées dans la province d'Oran de 1841 à 1845, et qui a fait toute la campagne du Maroc de 1844; enfin, le 3me léger, le 6me léger, le 19me léger, le 2me, le 56me et le 64me de ligne. Parmi ces corps, le 24me, le 38me et le 6me léger devenu 81me de ligne se trouvent de nouveau en Algérie, où ils ont combattu si souvent, à d'autres époques.

L'armée d'Afrique compte au milieu d'elle un seul bataillon de chasseurs à pied; habituellement, elle en comporte un plus grand nombre, car la guerre avec les Arabes est surtout le fait des bataillons de chasseurs. Ils ont rendu tant de services par leur manière d'agir en campagne, que tout le reste de l'infanterie africaine a constamment cherché à se modeler sur eux. Parmi les bataillons qui ont le plus souvent été cités dans les bulletins, nous nous souvenons du 1er, du 3me, du 5me (bataillon de Canrobert); du 6me, du 8me (le héros de Sidi-Brahim); du 9me et du 10me (bataillon de Mac-Mahon).

Outre les sept régiments de ligne tirés de l'armée de France, l'Algérie compte parmi les troupes d'occupation, les trois bataillons d'infanterie légère d'Afrique, qui se composent de militaires sortant des établissements pénitentiaires et ayant encore un temps de service à achever avant d'être libérés. Ces bataillons s'étaient acquis beaucoup de réputation, au temps de la guerre; ils ont eu à leur tête, une partie des officiers qui se sont acquis le plus de renommée dans notre colonie, et notamment Cavaignac et Ladmirault. El-Arrouche, Djemila, Bougie, Cherchell, Mazagran, ont été, à diverses époques, témoins de leurs glorieux services.

Puis viennent les zouaves, au costume oriental, formant trois beaux régiments, dont nous n'avons pas besoin de rappeler les exploits. Ces corps, composés en grande partie de volontaires pris dans les autres regiments d'infanterie, ont une réputation traditionnelle qui excite au plus haut point leur émulation et les rend capables des entreprises les plus extraordinaires.

Après les zouaves, nous avons à mentionner les trois régiments de tirailleurs algériens (*turcos*). Les soldats de ces corps sont tous indigènes, sauf un certain nombre destinés à former des sous-officiers comptables. Le cadre des sous-officiers et des officiers, jusqu'au grade de capitaine exclusivement, se compose de Français et d'indigènes dans une proportion fixée. Les capitaines et les officiers supérieurs sont tous Français. Les tirailleurs algériens sont excellents marcheurs, très-durs à la fatigue, et aptes surtout aux combats de tirailleurs ; ils s'embusquent adroitement, bondissent comme des tigres et font la guerre avec une véritable passion. Il y a un régiment par province.

L'Algérie a, en outre, depuis longtemps, deux régiments étrangers formés des volontaires et des déserteurs venus des divers pays de l'Europe, notamment d'Espagne et d'Allemagne. Le premier régiment est dans la province de Constantine, le deuxième dans celle d'Oran. L'artillerie et le génie de l'armée d'Afrique sont composés de détachements pris dans les régiments de France. L'artillerie de campagne, en Algérie, est arrivée à un état de perfection, — comme organisation de matériel, facilité de transport, mobilité, rapidité, — qu'il est difficile de dépasser.

La cavalerie est formée par trois régiments de chasseurs d'Afrique, qui sont la plus ancienne troupe créée exclusivement pour la colonie. Les états de service de ces corps sont remplis de faits glorieux. Les hommes, volontaires des autres régiments, sont forts, aguerris, et bronzés de bonne heure par le soleil d'Afrique, ils ont, en général, une belle physionomie militaire. Leurs chevaux sont les petits barbes du pays, et c'est tout dire.

Les trois régiments de spahis, qui composent avec les chasseurs toute la cavalerie permanente de l'Algérie, sont formés, comme les tirailleurs, d'éléments entièrement indigènes, sauf les chefs qui sont en partie français et en partie algériens, jusqu'au grade de capitaine exclusivement. Les spahis qui combattent, au besoin, ont plutôt, ainsi que nous l'avons expliqué, une mission administrative, surtout dans la province de Constantine, où les escadrons comptent dans leurs rangs de nombreux représentants des familles influentes du pays. Dans l'Ouest, les cavaliers de bonne tente se trouvent plutôt dans les contingents des tribus Makhzen, qui sont à notre service, et le recrutement des spahis est par là même obligé de se faire parmi des sujets d'une importance personnelle moindre.

Il y a habituellement des régiments de cavalerie française (hussards ou chasseurs) qui viennent, à tour de rôle, passer quelques années en Algérie. Pour le moment, il s'en trouve deux. Ces troupes laissent leurs chevaux en France et se montent en Algérie. Lorsqu'elles rentrent dans la métropole, elles laissent à leur tour leurs chevaux pour les régiments qui doivent les remplacer.

N'oublions pas les compagnies du train des équipages, qui rendent des services obscurs, mais très-importants. Ces troupes sont chargées actuellement de l'entretien et de la conduite des nombreuses bêtes de somme qui suivent les colonnes portant des vivres, et de plus les malades et les blessés. L'expérience prouve journellement que l'on doit attribuer à la bonne organisation de ce corps, une grande part dans nos succès africains.

Ainsi, en résumé, l'armée d'Afrique comprend :

  7 régiments de ligne,
  1 bataillon de chasseurs à pied,
  3   —   d'infanterie légère d'Afrique,
  3 régiments de zouaves,
  2   —   étrangers ;

Des détachements d'artillerie, du génie et du train ;

  3 régiments de chasseurs d'Afrique,
  3   —   de Spahis,
  2   —   de cavalerie légère de France ;

En tout 45 à 50 mille hommes.

Il est bon de remarquer que les trois régiments de zouaves, les trois de tirailleurs, les trois de chasseurs et les trois de spahis, sont répartis, pour chaque catégorie, un par province, et ils sont numérotés selon l'ancienneté d'occupation de la province, ainsi tous les n 1os sont de la province d'Alger ; 1er de zouaves, 1er de tirailleurs, 1er de chasseurs, 1er de spahis ; tous les n°s 2 appartiennent à la province d'Oran, et les n°s 3 à celle de Constantine.

Cette glorieuse armée d'Afrique, qui a atteint pendant quelques années le chiffre de cent mille hommes, et qui, jusqu'en 1850, a perdu chaque année, soit par les maladies, soit par le feu de l'ennemi, près du dixième de son effectif, compte certainement, jusqu'à ce jour, plus de cent mille victimes. Puisse la France ne pas l'oublier.

Si l'on veut bien nous permettre de terminer ce chapitre par quelques propos de bivouac, nous chercherons à nous souvenir des surnoms de certains régiments. Nos soldats sont, on le sait, fort narquois, et, dignes fils des Gaulois, ils tournent tout en plaisanterie. Les anciens d'Afrique, acclimatés et habitués aux diverses circonstances de cette guerre tout exceptionnelle, ont toujours plaisanté les nouveaux arrivants à propos de leur ignorance et de leur gaucherie bien pardonnables. La plupart des corps ont eu des surnoms motivés par quelque ridicule attribué, à tort ou à raison, à ces régiments.

Ainsi, nous avons eu le 13me *Asperge*, parce qu'au moment de leur débarquement, les soldats de ce corps, s'extasiant devant des aloës, s'écriaient: Dieu! quelles asperges! le 62me ou 63me *pas d'amis;* une sentinelle de ce régiment ayant crié, *qui vive!* pendant la nuit, et ayant eu pour réponse, *ami*, lâcha néanmoins son coup de fusil, en répliquant: *il n'y a pas d'amis*.

Il y avait un régiment qu'on appelait le *sans-guêtres*, parce que ses hommes avaient un jour passé une rivière, après avoir eu la précaution d'ôter leurs guêtres, et ils avaient perdu leurs souliers dans le trajet; ce qui avait beaucoup amusé le restant de la colonne. Le 36me était vulgairement dénommé le *trois-six sans esprit*; le 15me léger, *bien tranquille là dedans*, à cause d'un mot fâcheux attribué à un de ses officiers, ou du refrain de ses sonneries auquel on avait attaché les mots cités. Le 32me était le *Bel Alcindor*, parce que son refrain rappelait une chanson connue sous ce nom. On connaissait un régiment dont j'ai oublié le n°, sous le sobriquet de *Brosseur ;* il ne cessait en arrivant de répéter qu'il voulait *brosser* les Arabes, et il commença, comme les autres, par souffrir beaucoup des fièvres, des dyssenteries.

Ceux qui, la plupart du temps, baptisent les régiments nouveau-venus, sont les soldats des *bataillons légers* d'Afrique, ils se sont donnés à eux-mêmes le doux nom de *Zéphirs*, et plus tard celui de *Joyeux*. Les zouaves sont les chakals ou plutôt *Chakayes* selon la prononciation des troupiers. Le zouave était, en effet, constamment en course à travers le pays, comme le chakal dont les cris s'entendaient chaque soir autour de nos camps.

Les chasseurs à pied ont été appelés *ventre-à-terre* à cause de leurs vives allures, puis *vitriers*, par allusion à leur sac de toile cirée qui leur donne une certaine ressemblance avec les marchands de vitres ambulants ; enfin leur costume sombre les fait aussi désigner sous le nom de *Corbeaux*. Les soldats du train, autrefois *hussards à quatre roues*, sont vulgairement désignés sous le nom de *Tringlots*.

Il est curieux de leur entendre donner à leurs bêtes des noms de personnages historiques, en se basant sur quelque analogie qu'ils ont cru remarquer. Ainsi, on est tout étonné de voir des Marguerite de Bourgogne, des Jeanne de Naples ; j'ai même rencontré des Lafayette et des Jean de Dieu, du temps d'un célèbre ministre de la guerre. Mais je viens de parler des hauts fonctionnaires du gouvernement, c'est le cas de rappeler que les soldats, au milieu de leurs comparaisons irrévérencieuses, vont jusqu'à désigner les mulets en masse, sous la dénomination générale de *ministres,* parce qu'ils sont *chargés* des affaires de l'État.

Rien n'est plus attrayant qu'un bivouac algérien, au printemps, lorsque la marche n'a pas été trop longue, que les vivres sont au complet, que l'on est près de l'eau et près du bois. Les hommes, réunis autour de grands feux, racontent des histoires quelquefois très-comiques, d'autres groupes chantent, et les nuits d'Afrique sont si belles, que le souvenir de ces scènes militaires est ineffaçable pour qui a vécu, pendant quelque temps, au milieu d'elles.

VIII

LE MARABOUT DE SIDI-BRAHIM

1º PERPLEXITÉ DES TROUPES DE LALLA-MARNIA PENDANT
LE MASSACRE DE SIDI-BRAHIM

Au mois de septembre 1845, le 10ᵉ bataillon de chasseurs dont je faisais partie, occupait la redoute de Lalla-Marnïa, sur la frontière marocaine.

Cet établissement, commencé l'année précédente dans le but de surveiller la plaine d'Ouchda, que ravageaient continuellement des maraudeurs et même des partis ennemis assez considérables, avait amené les hostilités avec le Maroc et la campagne de 1844, pendant laquelle fut si complétement défait le fils du sultan Muley-Abd-er-Rahman, ou *le petit mulet*, comme l'appelaient nos soldats.

Élevé tout à côté du marabout de Lalla-Marnïa, *la*

dame enrichissante, et sur un emplacement couvert de ruines romaines, le nouveau poste ne fut d'abord nullement protégé par la sainte sa voisine. Après avoir servi, en 1844, de point d'évacuation pour les malades de l'armée d'Isly, et par conséquent, de lieu de souffrance et de sépulture pour beaucoup de nos soldats, il avait considérablement réduit l'effectif valide des divers bataillons qui furent envoyés successivement pour le garder, pendant les deux premières années de son existence surtout. Il est vrai que pendant cette période de temps la redoute se composait simplement d'une enceinte de fossés et de terrassements. Bref, la troupe dont je faisais partie était en fort mauvais état au moment où se passèrent les événements qui vont suivre.

Beaucoup d'anciens Algériens ne peuvent se rappeler sans une émotion douloureuse l'aspect navrant de ce séjour si triste, surtout à la fin de l'été. A côté de mamelons secs et gris et à l'entrée d'une immense plaine blanchâtre sans végétation, on voyait de loin, à quelque distance au-dessus du sol, un nuage de poussière immobile. C'était le poste de Lalla-Marnïa, ou plutôt celui-ci se trouvait au-dessous du nuage indicateur que l'œil considérait fixement sans pouvoir en être distrait.

Les choses ont bien changé depuis lors, il y a maintenant des jardins, des arbres, des constructions en grand nombre, un village tout auprès, etc. ; mais, en 1845, des fossés et des remparts desséchés, semblables à des monceaux de cendres, formaient l'extérieur ; au dedans on voyait quelques baraques en planches, des tentes, de la paille jonchée partout, des soldats à mine cadavéreuse, puis au-dessus du tout le nuage dont j'ai parlé, et plus haut encore, un soleil sans pitié.

Nous étions dans cette triste nécropole, absorbant des quantités prodigieuses de sulfate de quinine, lorsque des bruits d'hostilité vinrent nous ranimer quelque peu.

Des ordres très-sévères défendaient de s'éloigner de la redoute, des rôdeurs ayant été vus dans la plaine; les communications avec Tlemcen étaient coupées; tout présageait une nouvelle guerre sainte, Abd-el-Kader, disait-on, avait promis aux siens d'inaugurer solennellement le Ramadan; ce mois sacré commençait, cette année-là, le 20 ou 21 septembre, je crois; nous attendions.

Le 21, nous entendîmes des détonations nombreuses et sourdes; le son était étouffé aussitôt que produit, et semblait indiquer qu'on déchargeait des armes sur une butte de terre, du moins nous ne pouvions le comprendre autrement. Il y avait entre Lalla-Marnia et Nemours une petite colonne qui parcourait le pays; rien de plus naturel que de penser qu'elle était engagée; mais comment expliquer ces détonations étouffées ? Les officiers du bataillon en vinrent à admettre que probablement la colonne qui faisait expédition dans les environs s'exerçait au tir à la cible, dans une gorge et à courte distance. D'autre part, il était bien difficile de croire qu'un chef militaire fût assez absurde pour faire brûler sa poudre en exercices, au moment où celle-ci pouvait être si nécessaire, et l'on revenait aux idées plus probables d'un engagement avec l'ennemi.

Les esprits étaient fort préoccupés. Abd-el-Kader allait-il donc recommencer une lutte ouverte semblable à celle qu'il soutint dans les premiers temps, lorsqu'il surgit d'entre les croyants, et viendrait-il se heurter de front contre nos colonnes expéditionnaires? Cela paraissait peu admissible.

Le fils de Mahi-ed-Din, après avoir bravement et inutilement tenté de nous vaincre en face, s'était borné, dans les dernières années, à nous entraîner au loin à sa poursuite, épuisant et décimant ainsi nos troupes par la fatigue. Il ne jouait le rôle d'agresseur que vis-à-vis de corps surpris en petit nombre, de convois de ravitaillement, de postes isolés, et harcelait parfois, en se tenant à bonne distance, nos arrières-gardes fatiguées, à la fin de quelque longue journée de marche. Puis, ayant été surpris lui-même à ce métier de surprises et ayant perdu sa Zmala, il avait de nouveau changé de tactique et prescrit aux fidèles d'abandonner leurs campements sur la terre algérienne, déshonorée par la présence du Roumi, et d'émigrer au Maroc; cet appel avait été surtout entendu dans la province d'Oran, partie de l'Algérie qui subissait le plus complétement l'ascendant du marabout des Hachem. Pendant la campagne de 1844, sur la frontière du Maroc, Abd-el-Kader, fidèle à son dernier système de conduite, s'était tenu en observateur, non loin des armées combattantes, mais sans prendre part activement à la lutte. Ainsi, durant une des journées de combat du mois de juillet, combat de peu d'importance, du reste, nous le vîmes un instant, à l'aide de la lunette, sur un mamelon, entouré de quelques-uns de ses cavaliers et au milieu des plis de ses nombreux étendards. Quelques obus lancés de ce côté firent aussitôt évanouir l'apparition.

On prétendait que le jeune Émir avait conseillé au fils de Muley-Abd-er-Rahman de ne pas essayer une lutte ouverte contre nous, surtout de ne pas installer ces magnifiques camps de Koudiat-Abd-er-Rahman, et de ne pas traîner d'artillerie, car tout cela deviendrait la proie des Français. Le général marocain aurait accueilli ces avis avec dédain; on sait ce qui arriva, et peut-être Abd-el-Kader, qui avait été reçu avec grand enthousiasme par les fanatiques musulmans du Maroc, n'avait-il pas été contrarié, pour ses projets ultérieurs, de la défaite de l'armée d'Abd-er-Rahman.

Mais qu'allait faire présentement Abd-el-Kader; c'était là ce qui nous préoccupait au moment où l'air nous apportait à Lalla-Marnïa ces bruits sourds d'explosions étouffées. Les soldats eux-mêmes, ce qui leur arrive bien rarement au milieu de leur insouciance, étaient inquiets, presque anxieux.

Le lendemain 22, un chasseur du 8me bataillon arrive en fuyard à la redoute, et dit simplement : « Le batail-
« lon a été massacré hier.... il a été surpris par des

« masses arabes... J'étais resté en arrière par suite d'in-
« disposition, et en rejoignant j'ai vu le carnage du haut
« d'un mamelon; il n'y avait presque plus d'hommes
« debout sur les faces du carré; je me suis caché, et la
« nuit j'ai marché dans la direction de Lalla-Marnïa;
« mes pauvres camarades, bien sûr, il n'en reste plus
« un seul... »

Ce n'est qu'une rumeur dans la redoute : « Le 8ᵐᵉ
« a été massacré. » C'était le frère d'armes de mon
bataillon, les officiers, les sous-officiers étaient liés intimement, les soldats eux-mêmes se connaissaient presque tous. Aussi la stupeur est-elle très-grande; on
n'entend plus ce bruissement qui signale toujours la
présence d'une foule quelconque; le silence, l'atonie sont
complets. Les officiers ne se livrent à aucun commen-
taire, ils se bornent à répéter de temps à autre quelques :
« Comment cela s'est-il fait?... Est-ce bien possible?»

Telle était la situation lorsque, dans l'après-midi du
même jour, nous arrive une lettre annoncée comme
venant du capitaine de Géraux, et écrite soi-disant
dans le marabout de Sidi-Brahim, à quelques lieues de
Lalla-Marnïa. C'est un jeune Arabe qui l'apporte. De
Géraux disait : « Je suis enfermé dans le marabout avec
« ma compagnie de carabiniers, je n'ai plus de vivres
« (le 8ᵐᵉ, parti de Nemours pour quelques heures,
« n'avait pas porté avec lui de munitions de bouche),
« apportez-m'en, essayez de me dégager. »

Cette lettre est aussitôt montrée à tous les officiers,

et chacun peut émettre son avis. Ici se dessine la situation intéressante à étudier que venaient de nous créer des circonstances de guerre tout exceptionnelles, et qui m'a décidé à écrire ces quelques pages.

Mon bataillon avait mission de garder la redoute, sans agir au dehors ; il était accablé par les maladies, à tel point que les caporaux et sergents ne commandaient plus par tour régulier les factions sur les remparts, ils passaient au milieu des rangs de tentes, et, remarquant les chasseurs qui paraissaient momentanément dispos, les appelaient et leur donnaient cette simple consigne : « Allez vous mettre à la place d'un tel, qui « vient d'être pris par son accès ; si avant qu'on vous « relève votre accès vient, vous appellerez dans telle « direction. » Il n'y avait peut-être pas, à proprement parler, un seul homme valide ; mais, pour secourir des frères, pour faire le coup de feu, on aurait encore réuni de cent cinquante à deux cents carabines.

Notre chef devait-il faire appel au dévouement de ses soldats, et les mener à une mort presque certaine, en contrevenant aux ordres qu'il avait reçus ? N'était-il pas à peu près hors de doute que, sans pouvoir secourir de Géraux, les deux cents hommes envoyés à son aide seraient inutilement perdus ; et si, pendant ce temps-là, la redoute était prise, les malades qu'elle contenait massacrés, quelle responsabilité ! D'autre part, laisser mourir des camarades si près de soi et ne pas faire un effort, reculer devant le péril présent et certain, en vue d'un danger à venir et problématique, encourir l'accusation d'avoir manqué de cœur ; situation terrible pour celui qui commande. Il est probable, cependant, que si la question était restée posée comme nous l'avons dit, on aurait fait une sortie dans la direction de Sidi-Brahim. Nos soldats, en effet, sont toujours entraînés plus facilement par l'ardeur et le dévouement poussés jusqu'à l'imprudence, que retenus dans les limites d'une froide abstention, même lorsqu'elle est imposée par un devoir rigoureux ; mais toute une série d'observations se fit jour à l'examen attentif de la lettre de de Géraux.

Plusieurs officiers connaissaient la signature de ce capitaine ; or, la lettre apportée était terminée par un *de Géraux* très-lisible, mais ne ressemblant pas à la signature connue. Était-ce une précaution prise par le capitaine pour qu'on distinguât bien son nom ?... Premier doute. Ensuite, comment, entouré d'ennemis acharnés, de Géraux avait-il pu s'entendre avec un jeune homme du pays ? Comment admettre que celui-ci se fût animé tout d'un coup d'assez de dévouement à notre cause pour risquer sa tête ? Deuxième point douteux. Nous n'avions malheureusement personne à même d'interroger à fond cet Arabe, pour en tirer quelques éclaircissements. Au contraire tout s'expliquait par cette seule supposition qu'Abd-el-Kader avait fait écrire de force par quelque prisonnier, ou même sans violence par quelqu'un de son entourage sachant notre langue, une lettre au nom de de Géraux qui nous attirât nous aussi dans un piége. Le dévouement du messager devenait compréhensible, la signature si lisible de de Géraux également ; mais ce qui surtout confirma tous les assistants dans la croyance que la lettre était fausse, c'est qu'au bas de l'écrit il y avait en post-scriptum : « Ayez confiance dans ce qui précède, c'est l'exacte vérité. » Or, de Géraux écrivant, pensions-nous, il ne lui serait jamais venu à l'idée de supposer qu'on ne le crût pas ; cette crainte, au contraire, devait naturellement être inspirée à l'écrivain de la fausse lettre, et amener celui-ci à ajouter le nota dénonciateur.

De plus encore, nous qui avions si bien entendu la fusillade du 21, nous ne percevions aucun bruit de cette sorte le 22, et si de Géraux était réellement assiégé dans le marabout de Sidi-Brahim, il nous semblait que le son des coups de fusil devait arriver jusqu'à nous. Ceci toutefois était une erreur. La topographie du pays seule expliquait l'arrivée des sons dans le premier cas, et leur interception dans le deuxième cas.

Bref, on ne bougea pas, et les malheureux carabiniers du 8e étaient bloqués dans le marabout de Sidi-Brahim ; mais leur capitaine avait-il écrit, je n'ai pu le savoir. Des changements successifs de résidence m'ont empêché de me rencontrer avec les sept ou huit échappés du désastre de la compagnie de Géraux, qui auraient pu me donner des éclaircissements.

Ce qui s'était passé est connu. Les détonations sourdes entendues le 21 provenaient de ce que les cavaliers ennemis déchargeaient leurs armes sur nos malheureux soldats, presque à bout portant, de haut en bas; les vibrations étaient presque aussitôt brisées par la rencontre du sol. Nous ne citerons de ces tristes événements que ce qui est moins généralement du domaine public. Ainsi le lieutenant-colonel de Montagnac, qui commandait en chef cette faible colonne de quatre cents hommes, avait pour les petites opérations de la guerre horreur de la dissémination des forces; il recommandait sans cesse et rigoureusement aux officiers qui avaient à diriger des détachements, surtout pour la garde des bestiaux de l'armée envoyés chaque jour au pâturage, de n'avoir au plus en observation que quelques vedettes isolées, et de conserver tout le gros de la troupe réuni et disponible.

Or, contradiction singulière, l'intelligent mais trop fougueux de Montagnac, complétement dominé, sans doute, dans son ardeur belliqueuse, par la pensée du beau coup qu'il espérait faire, négligea lui-même tout le premier ces prescriptions dont nous venons de parler. Il périt, dès le commencement de l'action, à l'avant-garde, composée de soixante hussards, et qui fut très-rapidement détruite; puis vint une fraction du bataillon de chasseurs, qui tomba fauchée en peu d'instants; puis une autre fraction, qui eut le même sort que les deux premières; et enfin la compagnie d'arrière-garde de Géraux, qui arriva en vue du feu quand tout était perdu et n'eut rien de mieux à faire que de gagner le marabout de Sidi-Brahim. Il est probable que les quatre cents hommes réunis n'en auraient pas moins été massacrés, mais ils auraient tenu un plus long laps de temps; ils auraient pu gagner une bonne position et s'y maintenir, en prolongeant la lutte assez longtemps pour permettre l'arrivée des secours. Il y avait une autre colonne dans les environs de Nemours qui aurait peut-être été avertie.

Ce qu'il y a à remarquer dans les détails de cette catastrophe, c'est combien, à cette époque, en dehors de ce qui se passait dans l'entourage de quelques généraux influents, nos relations étaient bornées, et, en quelque sorte, à l'état rudimentaire avec les chefs indigènes. Ainsi de Montagnac, sur l'avis d'un cheikh, se met en campagne, et n'a auprès de lui aucun homme influent du pays, aucun ôtage important dont la tête serve au besoin de garantie. Aujourd'hui, le moindre officier des affaires arabes organiserait plus complétement une entreprise de ce genre.

On connaît le martyre du brave capitaine Dutertre, dont le trépas est tout aussi admirable et bien plus authentique que les faits et gestes attribués à certains Grecs et autres anciens, et cependant les noms de ceux-ci sont gravés dans la tête de presque tous ceux qui savent lire, tandis que celui de notre compatriote et contemporain est très-peu répandu. Faut-il en conclure que les temps ne sont plus à l'héroïsme et que ce qui concerne les anciens ne se redit plus que par routine scolaire.

De Géraux, voyant ses hommes sans vivres et commençant à s'épuiser, se décide à sortir et à faire une trouée à la baïonnette, s'il est possible. Cette résolution est par elle-même un exemple fort rare dans les fastes de la guerre ; on voit souvent, en effet, des fractions d'armée, enfermées dans une position quelconque, ne pas vouloir se rendre, et arriver sans céder, à la mort par inanition ou par la main de l'ennemi ; mais aller au devant d'une fin certaine au lieu de l'attendre, entreprendre de percer un adversaire beaucoup plus fort, et cela lorsque déjà on est affaibli par les privations, c'est là un fait extrêmement peu commun et qui glorifie à tout jamais de Géraux.

Autant que je puis m'en rapporter aux souvenirs qui me restent des récits que je recueillis alors, les quatre-vingts carabiniers sortis de Sidi-Brahim eurent surtout à franchir deux passages difficiles, deux ravins dangereux. Au premier, de Géraux est tué ; ses chasseurs ne veulent pas abandonner le cadavre, ils le portent à quatre sur leurs épaules, glorieux pavois bien digne de ce noble soldat. Le commandement passe au lieutenant de Chappedelaine, preux de la vieille Bretagne. Au second de ces terribles passages, tout près et en vue de Nemours, c'est-à-dire au moment de toucher au salut, il restait encore une trentaine d'hommes debout. De Chappedelaine, qui avait pris une carabine pour faire un bon soldat de plus, reçoit une balle dans le flanc, et tombe; puis les quatre porteurs du capitaine et le cadavre, et tous, moins quatorze, qui courent jusqu'aux portes de Nemours. De ces quatorze, quatre moururent encore, dont deux de suite et les deux autres quelque temps après.

Ce brave de Chappedelaine, dont je viens d'évoquer le souvenir, était la personnification complète de l'ancien gentilhomme. Issu d'une ancienne famille bretonne, il était, cela va de soi, très-valeureux, loyal, mais de plus gai compagnon, franc buveur, obligeant, généreux, alerte, bon cavalier, aventureux, bien pris de sa personne, d'une figure toute belliqueuse, à la moustache noire fièrement retroussée.

Nous avions fait ensemble un détachement une quinzaine de jours avant les événements sinistres que je viens de rappeler. Pendant les deux journées que nous passâmes ainsi dans la même réunion de troupes, il revenait souvent sur une observation qui paraissait l'avoir vivement frappé, et qui lui avait été faite par le général Lamoricière. A une inspection récente, le général africain lui avait dit: « Oh! Chappedelaine, « vous êtes comme moi, vous laisserez vos os dans ce « pays. » La moitié de la prédiction devait malheureusement se réaliser trop tôt.

Peu d'officiers ont été aussi regrettés que de Chappedelaine; j'avais une grande sympathie pour lui, et cependant nous avions failli nous couper la gorge en plein Sahara; mais tous les torts venaient de moi, et un peu aussi du soleil.

2° LE MASSACRE ET L'EXPIATION.

Au combat de Sidi-Brahim, quelques soldats blessés et gisant sur le terrain avaient été faits prisonniers. Un détachement tout entier avait été enlevé à Aïn-Temouchen ; ces hommes réunis ensemble et joints à d'autres militaires pris dans diverses occasions, formaient un groupe d'environ trois cents individus qui étaient gardés à vue au milieu de la Déïra d'Abd-el-Kader, dans le Maroc, à peu de distance de notre frontière. Cette Déïra souffrait beaucoup de la faim, avons-nous dit, lorsqu'à la fin d'avril 1846, le bruit courut qu'une lettre importante d'Abd-el-Kader venait d'arriver. En vertu des ordres contenus dans cette dépêche, disait-on, Mustapha-ben-Thami, chef de la Déïra à ce moment, fit répartir par groupe de quatre ou cinq dans les gourbis des derniers partisans de l'Émir, les prisonniers français qui jusqu'alors avaient été réunis. La Déïra était entourée d'une sorte de palissade assez élevée, n'ayant que deux issues. Les gourbis des Arabes étaient établis en dedans de cette enceinte, laissant au milieu du terrain, un espace vide au milieu duquel étaient les quelques huttes occupées par nos soldats. C'est de là qu'ils furent conduits dans les gourbis de leurs gardiens. Au milieu de la nuit, à un signal donné, on se précipite sur les prisonniers, on les égorge ; quelques-uns se sauvent et parviennent à se réfugier dans les cabanes situées au centre du terrain vide, et là, se faisant arme de tout, se préparent à se défendre. Mais alors les musulmans mettent le feu aux gourbis, et quand nos malheureux compatriotes essayent de sortir, ils sont fusillés par leurs ennemis. Un seul parvint à s'échapper, et à la suite de fatigues et de dangers inouïs, arriva enfin à Lalla-Marnïa où il rendit compte de ce qui s'était passé. Les officiers avaient été mis de côté et furent plus tard échangés pour une somme d'argent.

Nous n'avons pas hésité à dire que cette horrible exécution était une tache pour Abd-el-Kader, parce qu'enfin s'il n'en a point eu connaissance, il n'a pas non plus sévi contre l'auteur du crime, Mustapha-ben-Thami, qu'il eût dû, tout au moins, éloigner de sa personne. Cet indigène resta attaché à Abd-el-Kader et était un de ceux qui accompagnaient l'Émir lors de sa reddition. . . . .
. . . .

Au mois de septembre de cette même année 1846, juste un an après les événements de Sidi-Brahim, le général Cavaignac conduisait une colonne sur le terrain même où le combat avait eu lieu. On fit halte et on se mit à creuser une fosse pour y inhumer les ossements épars çà et là. Mais le 8me bataillon de chasseurs, renouvelé et commandé par M. de Lourmel qui plus tard se fit tuer si bravement en Crimée, faisait partie de la colonne. Il se trouvait au pied des rochers des O. Dziri et sur les escarpements étaient les tentes des individus de cette tribu qui avaient aidé à la perpétration du guet-apens de l'année précédente. Violemment agités par le souvenir de leurs frères égorgés, les chasseurs s'élancent tous ensemble, gravissent la montagne, courent aux tentes des O. Dziri; saisissent tout ce qu'ils rencontrent d'habitants et les précipitent du haut des rochers. La vengeance promise par Lamoricière et constamment ajournée venait enfin de s'accomplir.

Un petit monument en forme d'obélisque a été élevé sur le terrain même où périt la plus grande partie de la colonne Montagnac, et chaque fois que nos troupes passent devant ce souvenir de nos braves, elles lui rendent les honneurs militaires. Au printemps de l'année 1847, la tombe des chasseurs a été bénie, en présence de détachements de toutes armes, par l'abbé Suchet, bien connu de nos troupiers qu'il a accompagnés en mainte circonstance.

Les événements de la guerre ménageaient du reste à notre armée d'Afrique, une glorieuse satisfaction pour la fin de l'année 1847.

Abd-el-Kader était à sa Déïra, au milieu de la plus profonde misère : l'empereur Abd-er-Rahman s'était mis franchement en hostilité avec lui, et avait envoyé des troupes pour le surveiller et le harceler de façon à le forcer à se réfugier chez nous. L'ex-Émir, à bout de ressources, s'était vu obligé pour vivre, de faire des razzias sur les tribus marocaines, de sorte qu'il se trouvait enveloppé d'ennemis de toute part. Il avait envoyé à Nemours, au commandant français, un parlementaire qui fut éconduit. Il avait ensuite essayé d'entrer en pourparlers avec les autorités marocaines ; mais son envoyé n'avait pas même été reçu, et on lui avait fait dire que Bou-Hamedi seul, s'il se présentait, serait accueilli. Abd-el-Kader se décida alors à charger son fidèle et valeureux khalifa d'une mission diplomatique auprès de l'empereur du Maroc. Les conditions imposées par Abd-er-Rahman furent si dures, que notre ennemi ne put descendre à les accepter bien que réduit à une cruelle extrémité. Pour comble d'outrage, le parlementaire Bou-Hamedi fut gardé comme prisonnier par les Marocains, et Abd-el-Kader résolut d'user de ses dernières ressources. Il essaya d'enlever de nuit les princes marocains dont le camp n'était pas très-loin de sa Deïra ; il fit dans ce but enflammer des chameaux tout couverts de goudron, et les lança dans la direction du camp ennemi. L'Émir comptait sur le désordre pour surprendre les chefs de l'armée marocaine, et il réussit, en effet, à envahir leur campement ; mais les princes avaient eu le temps de fuir.

Le lendemain un échec irréparable vint compenser cette espèce de demi-succès ; Abd-el-Kader perdit dans un combat contre les troupes du Maroc, 150 de ses derniers et de ses meilleurs partisans. Il fut encore obligé, quelques jours après, de résister aux attaques de tribus kabyles, qui, selon la coutume de ces contrées, tombent toujours sur le parti le plus faible.

Le fils de Mahi-ed-Din se décide alors à traverser la Molouïa et même le Kys, et à porter la Deïra sur le territoire algérien. Il y parvient à grand'peine, faisant l'arrière-garde avec les débris de ses anciens réguliers, et protégeant la retraite de tout ce monde de femmes, d'enfants, de vieillards, de troupeaux, de bêtes de somme, d'impédiments de toute sorte. Une fois le passage effectué, Abd-el-Kader, plus tranquille sur le sort de la population qui le suivait, se remit en route avec quelques hommes, pour reconnaître le terrain et s'informer s'il pourrait échapper aux troupes françaises. Mais le général Lamoricière était dans le voisinage avec une colonne guettant les événements. Il avait fait occuper les cols du pays, et entre autres le défilé de Kerbouss, par des spahis déguisés en simples cavaliers des tribus. Le lieutenant Bokouïa était à ce col avec quelques-uns de ses hommes, lorsque dans la nuit du 21 au 22, par une pluie battante, plusieurs cavaliers s'approchèrent du détachement de Bokouïa : Qui êtes-vous? avait-il été crié des deux côtés. « Nous sommes des cavaliers de la tribu voisine, » avaient répondu les spahis déguisés. « Je suis Abd-el-Kader, fils de Mah-ed-Din, avait dit à son tour l'ex-Émir s'avançant seul, et je demande à parlementer avec les Français. Sur ces mots, deux des cavaliers d'Abd-el-Kader offrirent de se rendre auprès du général français; Bokouïa les fit accompagner. Mais ces parlementaires n'avaient le pouvoir de rien décider, ce n'était encore qu'une ruse pour gagner du temps. Pendant la nuit, Bokouïa, causant avec l'ex-sultan de Tagdempt et lui expliquant l'état de nos ressources, la répartition des troupes, fit comprendre a son interlocuteur que tout était perdu pour lui. Abd-el-Kader, se rendant à ces raisons, dit qu'il se remettrait entre les mains des Français, s'ils voulaient s'engager à l'envoyer en Orient. Bokouïa se chargea de porter ces propositions à Lamoricière et partit aussitôt avec le cachet de l'Émir comme gage. Le général français s'empressa d'acquiescer, et envoya à son tour son sabre et un cachet de bureau arabe, et fit prendre les devants à la cavalerie commandée par le colonel Montauban. Bokouïa avait rapporté la réponse de Lamoricière à Abd-el-Kader, mais celui-ci avait encore demandé quelques heures pour réfléchir. Il passa la soirée et une partie de la nuit dans un état de surexcitation extrême, il s'agenouillait à chaque instant, priait, se promenait avec agitation, calculant sans doute les chances qui pouvaient lui rester pour l'avenir, et les mettant en présence des difficultés inextricables au milieu desquelles il se trouvait. Enfin il se décida, et pria Bokouïa de prévenir les Français, que le jour même, lui, Abd-el-Kader, se remettrait en leur pouvoir.

Le rendez-vous fut convenu pour les environs même du marabout de Sidi-Brahim.

La rencontre fut une scène faite pour émouvoir; Abd-el-Kader montait un vilain cheval maigre (sa jument noire blessée dernièrement, était restée en arrière), ses cavaliers d'escorte, pâles, exténués, souffrant pour la plupart de blessures récentes, et couverts de vêtements déchirés, étaient le meilleur indice des épreuves que venaient de subir les restes de la Deïra. Les escadrons français, au contraire, en parfait état de santé et dans une tenue brillante, indiquaient la bonne situation de nos affaires. Abd-el-Kader défila entre deux haies de chasseurs qui lui rendirent les honneurs. Cet hommage à un malheur intéressant par sa grandeur même, dut être sensible à notre ennemi, qui, du reste, avait compris qu'il aurait plus à espérer de notre générosité que de celle de son coréligionnaire, le sultan de Fez.

Ainsi c'est près de ce marabout de Sidi-Brahim qu'eut lieu la reddition d'Abd-el-Kader. Bien plus, l'ex-Émir, vaincu et soumis, fit sa prière dans l'enceinte même où les carabiniers de de Géraux se montrèrent si héroïques. Quelle plus belle vengeance pouvaient désirer les mânes de nos valeureux soldats ?

C'était près de là, sur les bords de la Tafna, que dix ans plus tôt, avait eu lieu la première entrevue d'Abd-el-Kader avec les chefs français à la tête desquels était le général Bugeaud. Mais les circonstances avaient été tout autres à cette époque. Deux cents chefs, pour la plupart marabouts, d'une physionomie remarquable, et vêtus avec magnificence, accompagnaient le jeune Émir, montés sur de très-beaux chevaux. Abd-el-Kader lui-même, entouré de tout le prestige de la puissance, se faisait remarquer sur un magnifique cheval noir, qu'il enlevait de temps en temps des quatre pieds à la fois, manœuvre difficile et toujours accomplie avec beaucoup de grâce par le fils de Mahi-ed-Din. Tous les mamelons environnants étaient couverts de tentes, partout des bannières flottaient, des instruments de musique se faisaient entendre, et des partisans enthousiasmés acclamaient le sultan.

Quel contraste aujourd'hui que l'Émir suit tristement le chemin de Nemours.

Le duc d'Aumale, prévenu à temps de ce qui se passait sur la frontière, venait d'arriver dans ce petit port de Nemours. Abd-el-Kader lui fut présenté le jour même. Impassible extérieurement et toujours digne, mais profondément ému à l'intérieur, le fils de Mahi-ed-Din prononça quelques mots bien sentis et ne fit point de phrases. Le lendemain, il offrit sa jument noire au duc d'Aumale, et s'embarqua peu après pour la France, après avoir eu la consolation d'assurer le sort de tous ceux qui l'avaient suivi.

IX

LES FORCES INDIGÈNES

Quelles sont les forces des musulmans de l'Algérie, pour le cas où une insurrection générale éclaterait parmi eux. Vont-elles ou non en s'affaiblissant, c'est là ce que nous allons examiner.

Depuis une quinzaine d'années que l'autorité algérienne maintient à peu près un état de paix complet dans le pays et que les tribus n'ont plus la facilité d'entretenir entre elles des hostilités presque constantes, comme au temps des Turcs, il est certain que les gens des Douars perdent chaque jour de leurs habitudes guerrières. Dans bon nombre de tribus, il n'existe que très-peu de fusils et encore sont-ils en mauvais état. Plus donc on saura maintenir cet état de tranquillité et plus sûrement s'établiront les conditions d'une paix durable. Il ne faudrait cependant pas se faire illusion. Les habitudes de guerre se perdent, il est vrai, dans certaines tribus, mais les Arabes n'en vivent pas moins au milieu de continuelles pérégrinations, soit en groupe, soit isolément, c'est-à-dire qu'ils connaissent parfaitement le pays qu'ils occupent, et qu'ils n'ont pas cessé de s'exercer à surmonter tous les obstacles qui contrarient le va-et-vient à travers les maquis, les marais, les rivières, les montagnes, aussi bien la nuit que le jour. Ils n'ont rien perdu non plus de leur extrême sobriété. Sous ce rapport donc, l'habitant de la tente est toujours un homme préparé à la guerre de partisan, il ne lui manque que des armes, pour devenir, du jour au lendemain, un insurgé redoutable. Mais on sait que ces denrées ne manquent pas d'arriver des pays de Tunis et du Maroc, aussitôt que des désordres partiels commencent à se manifester. Des convois de poudre et d'armes, d'origine anglaise, ont parfois été saisis sur nos frontières, et l'on est autorisé à croire qu'il y a chez les voisins de l'Algérie, des agents qui ont mission de pourvoir d'instruments de guerre, les mécontents de notre colonie qui voudraient se soulever.

Il ne faut pas oublier que l'Arabe fait le coup de fusil jusqu'à l'âge de soixante-dix ans et plus. Il y a donc maintenant encore dans les tribus, de nombreux individus qui ont pris part à la guerre et qui pourraient recommencer. Ils conservent au milieu des Douars les traditions des temps de lutte. La population indigène renferme, en outre, beaucoup d'hommes qui ont servi sous nos ordres dans les corps algériens, et qui ont appris nos manœuvres et nos signaux. On estime que leur nombre n'est pas moindre de vingt-cinq à trente mille. Certes, nous n'avons aucun motif de penser que ces anciens soldats nous soient hostiles ; mais nous faisons l'énumération des forces indigènes, en cas de résistance de leur part, et nous raisonnons dans l'hypothèse où la masse de la population se révolterait. Les individus qui auraient servi aux tirailleurs, deviendraient certainement alors des chefs de bande remplis d'aptitude. On a déjà remarqué que dans la plupart des désordres partiels que nous avons eu à combattre depuis une vingtaine d'années, des indigènes ayant servi dans nos rangs, se signalaient parmi les plus redoutables de nos adversaires.

Ce n'est pas tout encore ; nous devons relever comme un fait grave et nouveau, ce commencement de fusion, ce lien que nous avons créé nous-mêmes entre toutes les tribus de l'Est à l'Ouest de nos possessions. Il est le résultat naturel de notre commandement unitaire, avant tout. Par l'uniformité de nos prescriptions imposées d'un bout à l'autre du territoire arabe, par la tranquillité que nous avons exigée des tribus, et qui a permis aux indigènes de se rendre facilement les uns chez les autres, par les rassemblements fréquents des contingents de divers points de l'Algérie, par les convocations de chefs et de cavaliers enfin, nous avons mis en relation des individus qui jadis eussent eu bien de la peine à se rencontrer. Ainsi, des gens, qui, autrefois, avaient à redouter de passer sur le territoire d'une tribu, à se faire recommander puissamment pour traverser celui d'une autre, et qui avaient continuellement à craindre, au milieu de leur voyage, que des causes fortuites de conflits ne naquissent sous leurs pas, parcourent aujourd'hui le pays, sans aucune espèce d'appréhension. Ces circonstances commencent à faire naître entre les tribus une sorte de vie commune, de solidarité. Une cause réelle de mécontentement, intéressant la tente dans ses habitudes les plus essentielles, aurait bien plus de chances qu'autrefois d'amener une conflagration générale.

En tout cas, cet état de tranquillité habituelle du pays, favorise beaucoup la mission des confréries religieuses, qui ont toujours cherché à relier entre eux le plus possible d'indigènes, mais qui n'avaient jamais rencontré de circonstances aussi favorables.

On sait que ces affiliations, qui s'adressent indifféremment à tous les Musulmans quelle que soit leur position sociale, sont fondées chacune en mémoire de quelque marabout célèbre. Elles ont des chefs reconnus des frères associés, et ceux-ci, qui se doivent des secours mutuels, sont constamment en relation entre eux et avec les principaux de l'ordre. Les deux confréries les plus importantes en Algérie, sont : celle des *Mouleï-Taïeb*, dont nous avons déjà eu à nous entretenir et dont le chef est toujours à Ouezzan, dans le Riff, au Maroc. Il est élu parmi les membres d'une famille de *Cheurfa* (descendants du Prophète) très-vénérée et dont une branche occupe le trône du Maroc. Cette société a une importance politique très-grande et compte de nombreux adeptes sur le sol de l'Algérie.

Vient ensuite l'ordre de *Sidi Abd-er-Rahman*, qui est plus exclusivement algérien et dont le chef réside dans les montagnes kabyles du Djerdjera. Cette association comprend un plus grand nombre d'affiliés que celle des Mouleï-Taïeb, et s'accroît chaque jour.

Il faut encore citer comme dangereuse au moment d'une insurrection, la confrérie des *Derkaoua* (révoltés), qui ont la singulière prétention de ne reconnaître aucun pouvoir constitué et de ne relever que de Dieu. Ils fourniraient des auxiliaires au désordre, mais ils ne sauraient avoir, du reste, de plans sérieux, ni de projets d'organisation nouvelle à donner au pays.

Ainsi, en résumé, nous voyons que les Arabes ont encore parmi eux beaucoup d'hommes aguerris, et beaucoup d'autres qui peuvent devenir du jour au lendemain des adversaires dangereux. Nous reconnaissons aussi, que, les associations religieuses aidant, les relations entre les tribus sont plus faciles, l'entente entre les indigènes plus réalisable que jamais. Les populations arabes se soulevant, seraient donc, selon nous, plus à craindre aujourd'hui qu'il y a vingt ans.

Mais, de notre côté, nous sommes dans de meilleures

conditions que jamais pour réduire les tribus soulevées. Notre armée connaît le pays, elle sait où sont les sources, les bois, les rivières, les sentiers dans les montagnes, elle n'aurait plus besoin de guides souvent infidèles. Elle pratique le mode de guerre le plus convenable pour ces contrées; elle n'ignore pas quels sont les groupes les plus importants à réduire, quels sont les hommes réellement influents. Et cependant les difficultés de la guerre d'Afrique sont toujours grandes. On ne se rend pas assez compte, généralement, des conditions dans lesquelles se trouve une armée au milieu de populations, les unes franchement hostiles, les autres seulement indécises. Le moindre mouvement a quelquefois une importance dont on ne saurait se douter. Les exigences politiques parlent souvent très-haut et commandent des opérations que les critiques ont ensuite beau jeu de censurer, au point de vue militaire seul.

Nous avons raconté dans le *Spectateur militaire*, les détails d'un combat de frontière auquel nous avons assisté, et qui est un des cas nombreux en Algérie où des considérations étrangères à l'art militaire ont cependant décidé la conduite des chefs de nos troupes. Il s'agissait de la Zmala d'un de nos Caïds, attaquée par des forces supérieures; un détachement français envoyé à son secours dut se résoudre à combattre dans une situation désavantageuse, et à garder, à tout prix, la position jusqu'à l'arrivée de troupes plus nombreuses. Un mouvement de retraite, bien que momentané et suivi d'un succès militaire complet, eût entraîné des conséquences déplorables, selon l'appréciation des officiers qui connaissaient la situation intime du pays. Nous dirons, à ce propos, que c'est précisément cette nécessité de s'occuper à la fois, d'administration, de politique et d'entreprises militaires, qui a produit dans notre armée tant de chefs distingués. La plupart de nos jeunes officiers supérieurs et généraux, ceux auxquels il est promis le plus bel avenir, ont exercé en Algérie des commandements où ils ont eu à faire preuve des qualités les plus variées. Ce serait là, selon nous, un motif de plus pour ne pas retirer à l'armée l'autorité qu'elle exerce sur le territoire arabe ; il est trop important pour la France, d'avoir longtemps encore à la tête de ses excellentes troupes, des officiers d'un mérite éprouvé.

Nous rappellerons enfin que s'il surgissait dans notre colonie des désordres sérieux, nous aurions à compter au nombre des difficultés qui nous assiégeraient, le soin d'assurer la sécurité autour des établissements de nos colons. Tout le monde sait en Afrique, que les cultivateurs les plus portés à s'aventurer en pays arabe, ceux qui prétendent n'avoir aucune crainte des indigènes et être à même de se défendre avec leurs seules ressources dans leurs fermes, sont souvent les premiers à répandre la panique. A la moindre apparence de mouvement dans les tribus, ils demandent des secours, se disent sacrifiés si on ne les

écoute, abandonnent leurs travaux etc. L'armée, subdivisée ainsi à l'infini, serait obligée d'abandonner à la révolte tout le territoire arabe, aussi cherche-t-elle à porter des coups qui lui amènent au plus tôt la soumission des populations ; mais, pendant ce temps-là, l'inquiétude que manifestent les colons n'est pas une des moindres causes qui propagent les mauvaises dispositions des indigènes; car ceux-mêmes qui n'étaient point décidés à se remuer ne tardent pas à dire : « Il faut, en
« effet, qu'il se passe des événements bien graves, et
« que l'occupation française soit sérieusement en péril
« pour que tels cultivateurs du voisinage soient si in-
« quiets ; donc le moment est venu d'agir.... »

Mais, dira-t-on, pourquoi cette énumération? Le repos de notre colonie est-il donc menacé, des symptômes précurseurs annoncent-ils donc une agitation dans les masses arabes. Non, certes. Loin de nous cette pensée. Les Arabes avouent n'avoir pas connaissance d'un conquérant plus humain, plus généreux, plus commode que les Français. Leurs richesses, leurs cultures ont beaucoup augmenté depuis qu'ils vivent sous notre autorité. Enfin tout le monde est d'accord chez nous, pour que la population arabe soit traitée avec le plus grand ménagement et pour qu'on lui épargne toute espèce de contrariété. Cela est vrai, mais on ne s'entend plus sur la manière dont nous devons à l'avenir témoigner nos sentiments de bienveillance pour l'Arabe. Les uns croyent qu'il faut avant tout porter dans les

Douars nos lois et nos institutions civiles ; ils ne connaissent en aucune façon les peuplades dont il s'agit, mais ils ont compulsé les textes, ils ont constaté que notre organisation administrative et judiciaire était supérieure à celle qui fonctionne dans les tribus, et ils en ont conclu qu'il fallait remplacer celle-ci par celle-là. D'autres, qui savent par expérience combien les Arabes sont encore loin d'être prêts à recevoir nos lois, combien ils souffrent lorsqu'ils sont obligés de subir les les formalités et les lenteurs de nos administrations civiles, pensent que la transformation ne peut être l'objet d'un décret, et qu'il faut y arriver peu à peu d'une manière presque insensible, en usant de toute l'habileté possible.

Nous sommes plutôt de l'avis de ces derniers, mais les partisans du premier système sont puissants dans l'opinion publique, ils ont à leur disposition presque tous les organes de la presse, et c'est là ce qui nous fait craindre qu'ils ne finissent par avoir gain de cause.

Il ne peut du reste tarder de se produire une circonstance qui fera faire un pas décisif à la question. Les Arabes occupent évidemment trop de terres, cette situation ne peut être tolérée. Comment s'y prendra-t-on pour leur enlever une partie de leur territoire.

Cette grave mesure nécessitera de très-grandes précautions, et devra être confiée à des agents habiles, comprenant toute l'importance de leur mission. Mais, amère dérision, il a déjà été proposé de donner aux

Arabes, en échange d'une partie de leurs terres, quoi !...
Nos institutions et nos libertés civiles, présent pour lequel ils n'ont que de la répugnance.

C'est en attendant la façon dont sera résolu ce difficile problème du partage des terres, que les anciens Algériens, les plus intimement initiés à la vie arabe, ne peuvent se défendre d'un vague pressentiment. Ils craignent que la question ne soit mal présentée aux habitants de la tente, et ils voient aussitôt les musulmans, exaspérés d'autant plus qu'ils auront été plus longtemps dans la quiétude, courir aux armes. Puis les marabouts surgissent de tous les points de l'horizon : « Frères, s'écrient-ils, comprenez-vous maintenant que « le chrétien s'est joué de vous, sentez-vous qu'il veut « vos terres, en attendant qu'il vous chasse com- « plétement du pays où reposent vos aïeux ; levez-vous « donc, et que Dieu nous fasse triompher... » Et les sociétés religieuses travaillent, l'insurrection s'organise, les armes et munitions de guerre passent les frontières.

Nous avons indiqué ce qui fait la pensée de bon nombre d'Algériens ; mais nous espérons que les mesures les plus sages sauront prévenir d'aussi tristes événements.

X

RÉFLEXIONS GÉNÉRALES

SUR L'AVENIR DE LA GUERRE

Nous croyons fermement qu'entre les peuples civilisés la guerre deviendra tout à fait impossible. Non-seulement les idées de justice de conciliation, d'arbitrage, feront, il faut l'espérer, assez de progrès pour que toute difficulté entre les nations de l'Europe puisse être réglée autrement que par l'emploi de la force; mais si cette assertion morale souvent émise, que la civilisation moderne répugne aux luttes armées, est vraie, la même conclusion doit pouvoir être tirée de l'ensemble des faits matériels qui intéressent cette phase de l'histoire de l'humanité, et c'est, en effet, ce qui a lieu.

Dans la dernière campagne d'Italie, au milieu de cette Lombardie qui a vu jadis et si souvent manœuvrer les armées tout à l'aise, on a été fort étonné de ne plus rencontrer ces plaines célèbres par d'anciens exploits. Des canaux, des haies, des cultures très-développées avaient complétement modifié la physionomie du pays, et tel nouvement de troupe autrefois possible n'était plus exécutable. La cavalerie, surtout, s'est trouvée fort gênée, et, du reste, cette dernière arme sera la première atteinte par les progrès de la civilisation. La tendance générale des mœurs en Europe, la coutume de plus en plus développée de ne se servir du cheval que pour traîner des charrois, un état de paix habituel qui ne permet pas de former et d'exercer suffisamment des masses équestres, font que les vrais cavaliers ne se voient plus guère que dans les contrées relativement barbares, telles que celles habitées par les Arabes et les Tartares.

Si, dès maintenant, l'état des cultures empêche les armées d'exécuter aussi facilement qu'autrefois les grandes manœuvres d'ensemble, il est certain que plus tard, lorsque le sol sera partout approprié, que des canaux innombrables, des plantations de toute sorte modifieront complétement la surface de l'Europe, ces difficultés seront plus grandes encore. Mais, d'autre part, les progrès introduits dans les armes de jet se développent journellement. Aujourd'hui déjà, les affaires de guerre commencent à se décider de trop loin, au gré des hommes d'humeur belliqueuse, et ils trouvent que l'héroïsme devient de plus en plus difficile à se produire. Il semble que le progrès extrême, en fait d'armes destructives, celui auquel la science nous mène rapidement, est, qu'un groupe d'hommes doit être muni d'instruments de destruction tels, qu'il lui suffise de découvrir son ennemi pour envoyer à celui-ci une mort presque instantanée. De nouvelles combinaisons des matières explosibles et des agents électriques peut-être, pourront atteindre cette suprême perfection.

A ce moment, pensons-nous, la guerre ayant perdu complétement sa physionomie héroïque, les nations civilisées n'en verront plus que le côté hideux et s'en éloigneront avec horreur. Est-ce à dire, pour cela, que la guerre doive disparaître prochainement de notre globe tout entier, et que les populations européennes, en présence des progrès que je viens d'indiquer, n'auront rien de mieux à faire que de licencier leurs armées et de ne plus se donner que des préoccupations toutes pacifiques. Ce n'est point notre sentiment. Les passions belliqueuses ont encore pour de longs siècles un aliment assuré dans les diverses parties de notre planète, et les nations de l'Europe travailleraient à leur propre grandeur, en envoyant leurs enfants guerroyer contre les peuplades de l'Afrique et de l'Asie.

Les groupes entièrement sauvages peuvent être soumis à notre influence civilisatrice par d'autres moyens que la force; mais les nations qui ont une sorte d'organisation et qui sont hostiles à notre contact, ne peuvent être ébranlées et amenées à nous écouter, que si elles ont d'abord la preuve de notre puissance.

La France a son lot dans le nord de l'Afrique; que

nos voisins choisissent le leur dans d'autres régions, nous y applaudirons de tout cœur. La guerre, à ce point de vue, nous paraît légitime, et bien des exploits sont nécessaires avant que les phalanges de travailleurs puissent, en toute sécurité, se répandre sur les points de l'ancien et du nouveau continent. Nous ne partageons donc pas les sentiments de ceux qui croient bon de supprimer dans un avenir prochain toute force armée, et de laisser s'éteindre les goûts belliqueux que manifestent certaines nations. Trop de besogne reste à accomplir sur la surface du globe, et les peuples civilisés ne doivent pas se hâter de céder à ces tendances d'amollissement qui commencent à se faire sentir et sous l'influence desquelles on se montre trop sensible, selon nous, aux ravages destructeurs de la guerre. La cause seule est à prendre en considération ; et le sacrifice de quelques milliers d'hommes pour le bien général de l'humanité, n'est pas un fait qui doive être trop regretté et donner lieu de se produire à une sensiblerie exagérée. S'il en était ainsi, l'Europe civilisée se trouverait bientôt dans l'impuissance d'agir au dehors, et elle se verrait menacée d'être étouffée elle-même par la barbarie.

Les pages qui pécèdent ont principalement trait, ainsi que le lecteur a pu le voir, aux péripéties de la conquête algérienne. L'ensemble de ces faits est encore ce qui s'est accompli de plus considérable dans nos possessions africaines, et nous avons cru qu'il était de notre devoir de lui consacrer ce livre, composé presqu'entièrement de nos souvenirs et de nos impressions personnelles. C'est, du reste, pour une part, la reproduction de quelques articles que nous avons publiés dans le *Spectateur Militaire*, et le bon accueil qui leur a été fait une première fois nous a engagé à les réunir, en les accompagnant d'une partie entièrement inédite.

Mais les affaires de l'Algérie sont heureusement entrées dans une nouvelle période, au milieu de laquelle les faits de guerre sont plus rares et ont moins d'importance que par le passé. Le moment est venu de se préoccuper surtout des entreprises pacifiques et des moyens d'assurer la prospérité de notre colonie.

Ce problème a un double aspect, selon que l'on a en vue la colonisation civile et européenne, ou la population indigène. Depuis quelques années, les intérêts des Européens établis en Algérie, ont été soumis à de rudes épreuves et ont beaucoup souffert ; de récentes déterminations de l'administration supérieure donnent cependant espoir qu'ils recevront bientôt leur satisfaction. Les chemins de fer, qui étaient à l'étude depuis longtemps, qui avaient été décrétés, en principe il y a plus de trois ans, viennent enfin d'être votés par le Corps législatif. Des travaux considérables vont, en outre, être entrepris aux frais de l'État ; l'autorité centrale a pensé avec raison, croyons-nous, qu'elle ferait plus ainsi pour la prospérité de nos colons qu'en s'appliquant à modifier sans cesse les rouages administratifs.

Certes, des entreprises importantes qui doivent amener, de France en Algérie, des travailleurs et surtout des capitaux, exerceront une influence salutaire, et si le domaine de l'État livre à l'industrie la plupart des biens considérables qui sont dès maintenant à sa disposition, les affaires de la colonie sortiront enfin de leur état de torpeur.

Mais ces mêmes causes d'amélioration dans la situation de nos colons ne peuvent avoir d'effets aussi sensibles sur l'habitant de la tente.

Pour lui, la question essentielle, intéressante plus que toutes, est de savoir s'il lui sera permis de conserver la même organisation sociale que par le passé, ou s'il devra, bon gré, malgré, s'assimiler étroitement à ses dominateurs, ou bien encore s'il sera trouvé en sa faveur quelque moyen terme.

Les conditions dans lesquelles se trouve posé ce problème redoutable, le rendent fort difficile à résoudre. Nous avons réuni, à ce sujet, dans un volume qui paraîtra incessamment, sous le titre de *Variétés Algériennes*, toutes les observations que nous a suggérées une longue pratique des affaires arabes. Nous avons à constater, pour le moment, que l'autorité supérieure a, dans un but fort louable à tous égards, décidé l'annexion au territoire civil de l'Algérie, c'est-à-dire au territoire qui est administré de la même manière que les départements français, — d'un nombre considérable de tribus. Ces groupes ne seront pas encore, il est vrai, soumis au droit commun, ils conserveront une administration exceptionnelle, mais avec des chefs dont les pouvoirs seront extrêmement restreints, et dont les actes seront soumis à un contrôle fort minutieux. C'est au mois de juillet que l'autorité civile doit prendre possession de son nouveau territoire, et l'expérience indiquera si cette tentative devra être continuée ; nous croyons toutefois que le personnel manque pour cette nouvelle besogne, qui incombe aux administrations locales, et il est malheureusement impossible de prévoir où elles pourront recruter, d'ici longtemps et en nombre suffisant, des agents habitués au climat, instruits, aptes à remplir des fonctions administratives chez les indigènes, et offrant certaines garanties de moralité.

Pour nous, prévoyant le cas où l'insuccès de tentatives avortées serait attribué au mauvais vouloir, aux passions aveugles des Arabes, nous répéterons encore, soit aux membres de nos administrations, soit aux organes de la presse, qu'avant d'accuser les instincts pervers de la race indigène, il serait juste de se demander si toutes nos déterminations vis-à-vis de l'Arabe, portent le cachet de la sagesse et de la prévoyance, si le but que nous nous sommes proposé, touchant la population musulmane, a été défini, si les moyens de l'atteindre ont été judicieusement combinés, si les agents employés ont toujours été dignes, et si enfin la loyauté, la générosité, l'intelligence même, ont constamment présidé à nos décisions.

Les Arabes ne publient ni livres ni journaux, et dans le procès que nous leur faisons sans cesse, nous sommes à la fois, il ne faut pas l'oublier, juge et partie.

FIN.

TABLE DES MATIÈRES

                                                 Pages.

INTRODUCTION. — Des Illustrations guerrières. . . 1

CHAPITRE   I. JUCHAULT DE LAMORICIÈRE.— Coup d'œil sur l'histoire de l'occupation de l'Algérie 19

—   II. BUGEAUD, DUC D'ISLY.— Conquête de l'Algérie. 55

—   III. BEDEAU.—CAVAIGNAC.— Souffrances de l'armée d'Afrique . . . 107

—   IV. MORRIS. — BOUSCARIN.—Cavalerie d'Afrique. 143

—   V. DAUMAS. — Les affaires arabes. . 173

—   VI. ABD-EL-KADER ET SES LIEUTENANTS. — La résistance arabe. 198

—   VII. Tableau de l'armée d'Afrique actuelle 229

—   VIII. Le Marabout de Sidi-Brahim. . 238

—   IX. Les forces indigènes.. 259

—   X. Réflexions générales sur l'avenir de la guerre. 269

www.ingramcontent.com/pod-product-compliance
Lightning Source LLC
Chambersburg PA
CBHW070540160426
43199CB00014B/2305